LIBRAS E SURDOS
POLÍTICAS, LINGUAGEM E INCLUSÃO

Conselho Acadêmico
Ataliba Teixeira de Castilho
Carlos Eduardo Lins da Silva
Carlos Fico
Jaime Cordeiro
José Luiz Fiorin
Tania Regina de Luca

Proibida a reprodução total ou parcial em qualquer mídia
sem a autorização escrita da editora.
Os infratores estão sujeitos às penas da lei.

A Editora não é responsável pelo conteúdo deste livro.
As Organizadoras e os Autores conhecem os fatos narrados, pelos quais são responsáveis,
assim como se responsabilizam pelos juízos emitidos.

Consulte nosso catálogo completo e últimos lançamentos em **www.editoracontexto.com.br**.

Cecilia Moura
Desirée De Vit Begrow
(orgs.)

LIBRAS E SURDOS

POLÍTICAS, LINGUAGEM E INCLUSÃO

Copyright © 2023 das Organizadoras

Todos os direitos desta edição reservados à
Editora Contexto (Editora Pinsky Ltda.)

Montagem de capa e diagramação
Gustavo S. Vilas Boas

Preparação de textos
Daniela Marini Iwamoto

Revisão
Luiza Tofoli dos Santos

Dados Internacionais de Catalogação na Publicação (cip)

Libras e surdos : políticas, linguagem e inclusão / organização de Cecilia Moura e Desirée De Vit Begrow. – São Paulo : Contexto, 2024.
144 p.

Bibliografia
ISBN 978-65-5541-395-3

1. Surdos 2. Língua brasileira de sinais
3. Políticas públicas 4. Linguagem
I. Título II. Série

24-0100   CDD 362.42

Angélica Ilacqua – Bibliotecária – crb-8/7057

Índice para catálogo sistemático:
1. Surdos – Língua brasileira de sinais

2024

Editora Contexto
Diretor editorial: *Jaime Pinsky*

Rua Dr. José Elias, 520 – Alto da Lapa
05083-030 – São Paulo – sp
pabx: (11) 3832 5838
contato@editoracontexto.com.br
www.editoracontexto.com.br

SUMÁRIO

Apresentação 7

Políticas linguísticas e a Libras 13
Ronice Müller de Quadros

Aquisição de linguagem
e o contexto linguístico da criança surda 27
Desirée De Vit Begrow e Liliane Toscano de Brito

Atitudes relacionadas à surdez
e ao Surdo/Deficiente Auditivo (DA) 41
Cecilia Moura e Alexandre Dantas Ohkawa

Aprendendo com a experiência das famílias 53
Cecilia Moura e Desirée De Vit Begrow

Libras como língua adicional
para estudantes universitários ouvintes 67
Adriana Di Donato, Marcio Hollosi e Sandra Campos

O intérprete de Libras em educação e saúde 79
Kathryn Harrison e Ricardo Nakasato

Inclusão do surdo: verdadeira ou perversa? 91
Cecilia Moura e Cilmara Levy

A Libras na área da saúde 101
Priscila Amorim Silva, Nubia Garcia Vianna e Mariana Isaac Campos

Libras, surdos e interseccionalidades 113
Nanci Araújo Bento e Shirley Vilhalva

O que o futuro reserva para os surdos brasileiros? 125
José Carlos de Oliveira e Sandra Patrícia de Faria-Nascimento

Os autores 139

APRESENTAÇÃO

Num mundo em que tanto se fala de direitos, de respeito à diversidade, de espaço às diferenças e escuta às minorias, trazemos à cena o Surdo, o sujeito que se grafa com letra maiúscula, pois retrata a pessoa que é marcada por uma característica, e não por uma deficiência. Retrata a pessoa que não apenas compartilha uma língua e cultura conforme proposto por James Woodward em 1972, mas que se vê para além da característica biológica, independente de fazer uso da língua de sinais, identificando-se por sua diferença. Vamos dialogar sobre o Surdo, o universo que o circunda, seus direitos, sua diversidade ou multiplicidade linguística, suas características e especificidades, as interseccionalidades que o atravessam, os emblemas e os desafios que o constituem e demarcam seu lugar social.

Profissionais que estão em interação com a pessoa Surda são convidados à reflexão, pois, mesmo que se fale tanto sobre a surdez para além da audição, pairam ainda conceitos capacitistas que destituem o Surdo de possibilidades e caminhos. O livro é voltado também para estudantes das áreas de saúde e educação, pois em cada capítulo há raízes que nutrem um olhar e provocam ações que compreendem a inteireza do Surdo a partir do que ele é, e não do que a comunidade majoritária deseja que seja.

Assim, cada capítulo que compõe essa coletânea aborda aspectos que consideram o Surdo na sua especificidade, elaborados por autores Surdos e não Surdos que enriquecem esse campo com seus olhares, experiências e reflexões. Esse coletivo é formado por pesquisadores que demonstram paixão pela área de estudo e que reforçam, cada um a seu tempo, a retirada do Surdo do espectro da deficiência em que reside historicamente, para conversar com os diferentes interlocutores que costuram o campo de educação e também de saúde vinculados à pessoa Surda. Por isso, se verifica nas páginas desta publicação a emoção da partilha e do saber.

Pensando nos raciocínios de cada capítulo, temos o primeiro intitulado "Políticas linguísticas e a Libras", da autora Ronice Quadros, que, com sua vasta experiência, apresenta uma reflexão que abarca historicamente a Língua Brasileira de Sinais, bem como seus impactos nas políticas linguísticas, entendendo que estas geram implicações no plano social. Em suma, o capítulo reafirma o direito dos surdos, o que é fundamental a fim de subsidiar ações tanto em educação quanto em saúde para a comunidade Surda brasileira.

Pelo entendimento dos direitos linguísticos da pessoa Surda, urge que se ratifique a linguagem como constituidora do sujeito – é o que faz o capítulo "Aquisição de linguagem e o contexto linguístico da criança surda". Quando as autoras Desirée De Vit Begrow e Liliane Toscano de Brito apresentam o tema da aquisição de linguagem e o contexto linguístico da criança surda, o fazem no intuito de demarcar as diferentes possibilidades linguísticas da criança surda e a necessária oportunização de ambiente linguístico acessível para que ela seja capturada pela linguagem, o que se constitui como direito. É importante que as famílias, logo após o diagnóstico, sejam orientadas para a viabilidade de todas as possibilidades linguísticas para o filho surdo, e não apenas o que se vincula à normatização pelo "ouvir" e "falar". Parte-se da singularidade linguística do Surdo e da relevância de a criança ser vista como "falante/sinalizante".

No capítulo "Atitudes relacionadas à surdez e ao Surdo/Deficiente Auditivo (DA)", as questões ligadas à identidade, cultura e comunidade Surda são trazidas por Moura e Ohkawa e discutidas não apenas do ponto de vista teórico, mas embasadas no relato de um dos autores (Alexandre

Dantas Ohkawa), Surdo que iniciou sua trajetória no mundo numa reabilitação oralista e que buscou na comunidade Surda alicerces para uma construção de identidade baseada no que ele era, e não no que lhe havia sido imposto. Compreender a teoria tendo a "vida" como norteadora possibilita a sua real apropriação, o que nos leva a uma atuação capaz de propiciar inclusão, pois apenas refletindo sobre o que é vivido é que podemos realizar nosso trabalho de forma ética. Isso se dá, em primeiro lugar, entendendo a constituição própria de cada um na sua singularidade, dentro de uma comunidade que o acolha e lhe dê possibilidade de vir a ser. Assim, o capítulo possibilita aos profissionais e estudantes um entendimento mais aprofundado e comprometido com a realidade.

No capítulo "Aprendendo com a experiência das famílias", é possível saber de mães ouvintes e de uma mãe Surda de filhos Surdos o caminho que percorreram desde a descoberta da perda auditiva, os entraves, as encruzilhadas em que tiveram de fazer escolhas, as dificuldades enfrentadas e a procura do que consideraram o melhor para seus filhos. Esse capítulo nos ajuda a compreender o processo pelo qual os pais passam e pode nos auxiliar a traçar melhores estratégias em nossa caminhada no trabalho com as pessoas Surdas e suas famílias. Temos certeza de que sua leitura possibilitará também uma melhor compreensão do que é trazido em outros capítulos, fazendo com que pensemos e possamos ter uma atuação baseada nas reais necessidades daqueles que chegam até nós em razão do diagnóstico de uma surdez em seus filhos.

Mas não basta entendermos esse universo se o profissional não tem garantida formação que abarque a compreensão da pessoa Surda como um todo, suas características linguísticas e suas formas de exercício da cidadania. O capítulo "Libras como língua adicional para estudantes universitários ouvintes", de Di Donato, Hollosi e Campos, apresenta a experiência dos autores na docência de Libras para estudantes das licenciaturas e da área da saúde, questionando esse lugar, a legislação e as estratégias positivas que contribuem para esse fim.

É direito, está na lei – o protagonismo Surdo no ensino da língua brasileira de sinais deve ser promovido de forma a ampliar o alcance sobre os futuros profissionais de educação e saúde, geralmente ouvintes ou não surdos, para que conheçam a pessoa Surda e também a língua que muitas delas usam. Quando esse profissional não é suficientemente formado para o uso da língua de sinais, entra em cena o intérprete de Libras, que assume papel relevante no estabelecimento de relações em diferentes esferas sociais pelas pessoas surdas. Refletindo a esse respeito, o capítulo de autoria de Harrison e Nakasato e que tem por título "O intérprete de Libras em educação e saúde" apresenta uma discussão muito pertinente sobre a importância desse profissional e da qualidade de sua formação diferenciada conforme os locais de ação. Isso ajuda a entender que não basta saber a Língua Brasileira de Sinais para atuar como intérprete para a pessoa surda, é necessário compreender o papel conforme cada necessidade. Ademais, há de se considerar a relação delicada que se estabelece entre os interlocutores, ressaltando a importância formativa do profissional nos aspectos éticos e nos conhecimentos específicos nas diversas áreas que compõem a saúde.

O capítulo "Inclusão do surdo: verdadeira ou perversa?", de Levy e Moura, desenvolve uma reflexão sobre a surdez na contemporaneidade. Está dividido em duas partes: na primeira, são discutidos conceitos como diversidade, inclusão, igualdade e equidade, que são básicos para possibilitar uma melhor compreensão do que é exposto na segunda parte, em que é analisado o sujeito baseado na filosofia e na história para, na sequência, fornecer elementos que contribuem para uma sociedade menos perversa. Esse capítulo embasa aspectos importantes trazidos no livro, cuja reflexão e consequentes reverberações possibilitarão uma atuação que contemple as reais necessidades da pessoa Surda, fazendo a diferença na forma como a enxergamos e no modo como a abordarmos no nosso fazer profissional.

O capítulo "A Libras na área da saúde" vem discutir um tema muito sensível e que muitas vezes é denunciado, mas pouco se faz a respeito: a acessibilidade linguística na saúde para as pessoas Surdas. Os autores Silva, Vianna e Campos afirmam que existem muitas políticas públicas pensadas para o tema, mas estas não são colocadas em prática ou são idealizadas por profissionais com uma abordagem oralista, influenciando todo o andamento da visão que a família tem sobre a surdez e o filho surdo.

Outro ponto fundamental é tratado no capítulo "Libras, surdos e interseccionalidades", de Bento e Vilhalva. O Surdo, afinal, não apenas é diverso, mas é atravessado por diferentes aspectos que o constituem interseccionalmente. Muito se tem falado a esse respeito, mas se respeitará o negro surdo, a mulher surda, indígena surdo e tantos outros aspectos que podem constituir sua existência? Essa é uma pauta presente e, enquanto muitos discutem a suposta necessidade monolíngue do Surdo, autores e pesquisadores como Bento e Vilhalva entendem suas diferentes formas de ser, além de compreenderem suas possibilidades linguísticas variadas. É um capítulo fundamental, com repercussões importantes para todos que atuam com a pessoa Surda.

O último capítulo, "O que o futuro reserva para os surdos brasileiros?", de Oliveira e Faria-Nascimento, fala de todas as ações desenvolvidas ontem que repercutem hoje. Está clara a necessidade de a sociedade dar espaço para a pessoa surda atuar, não em posição passiva, mas como protagonista de sua história, em um movimento que reverbera nas futuras gerações. O capítulo reflete sobre educação e saúde, mas é possível notar que as questões repercutem no exercício cidadão da pessoa Surda de forma geral.

Há futuro! E urge que todos arregacem as mangas! Há ainda muito a fazer. Se o ontem foi marcado por dicotomias nas ações de educação e saúde com a pessoa Surda – lutas entre normal/patológico, surdo/ouvinte, oral/gestual –, isso é ultrapassado por um sujeito que se reconhece em sua diferença, que luta por poder erguer sua "voz", assim como o fazem os autores Surdos aqui presentes – Ohkawa, Hollosi, Nakasato, Campos, Vilhalva e Oliveira –, e que protagoniza esse espaço de partilha de saberes.

Este livro, metaforicamente, é como uma seta que parte de um ponto histórico e indica direção, atravessando temas que fazem deste um documento indispensável para quem se debruça sobre os estudos que envolvem os Surdos e a surdez, e, portanto, um documento atemporal. Retrata o momento presente a partir de um resgate histórico até apontar para um futuro em que se espera ter espaço para todos. Se "o futuro é colheita", assim como diz Oliveira e Faria-Nascimento no seu capítulo, desejamos plantar sementes em campo fecundo, ansiando um futuro em que a diversidade exista, o respeito seja norma e a pessoa Surda usufrua do direito cidadão de ser.

E, para finalizar, retomamos aqui o primeiro parágrafo desta "Apresentação" em que inauguramos o diálogo com os leitores e começamos a falar sobre a pessoa Surda com "S" maiúsculo. Queremos explicar a escolha tomada nesta apresentação e no livro como um todo. Quando usamos "Surdo" com maiúscula, estamos nos referindo a um grupo minoritário com direito a ter uma cultura própria e a ser respeitado na sua diferença.

Entendemos que essa é uma escolha de cada pesquisador, cada estudioso da área, pois outras marcas podem ser observadas e que retratam este mesmo posicionamento. Aliás, toda a construção textual pode levar a entender a posição ideológica assumida com relação ao povo Surdo, e não necessariamente existe a obrigatoriedade de expressão dessa posição junto à comunidade através da grafia desta palavra. Essa é a marca maior desta obra: entendermos o Surdo em sua condição humana e completa. Em alguns momentos podemos encontrar também neste livro o termo Deficiente Auditivo, em razão de respeitarmos aqueles que desejam ser assim reconhecidos nesse lugar. Multiplicidade de compreensão do mundo e daqueles que o habitam – em síntese: respeito sempre.

Agradecemos à comunidade Surda que nos inspira a uma atuação profissional condizente com o respeito aos seus direitos, aos colegas profissionais que gentilmente compartilham nestas páginas suas experiências e dedicação em pesquisa, e aos que nos lerão num futuro para o qual esperamos contribuir com o objetivo de ampliar o olhar ao que é singular e único: o sujeito e seu modo de existir.

Cecília Moura
Desirée De Vit Begrow

* * *

Nota dos editores: O uso da grafia "Surdo" e "surdo" é uma opção das organizadoras e dos autores, e não foi padronizada pela Editora.

POLÍTICAS LINGUÍSTICAS E A LIBRAS

Ronice Müller de Quadros

Este capítulo aborda questões que envolvem o campo das políticas linguísticas, mais especificamente, analisando planejamento linguístico e ações implementadas em relação à Libras (Língua Brasileira de Sinais). A Libras é uma língua nacional compartilhada por surdos de diferentes partes do Brasil. As comunidades surdas estão espalhadas pelo território nacional e se constituem a partir do agrupamento de surdos em diferentes espaços socioculturais, entre eles associações de surdos, escolas e pontos de encontros. A Libras é legitimada como uma língua nacional porque é representada por surdos de todo o país. Ela é legitimada, também, por meio de suas organizações, como, por exemplo, a Federação Nacional de Educação e Integração de Surdos (Feneis), bem como por meio legal, com a Lei 10.436/2002, que formalmente reconhece esta língua no Brasil. Além disso, a Libras integra pesquisas linguísticas de várias universidades brasileiras. Assim, a Libras é legitimada por meio legal, social, político e acadêmico.

A Libras é uma língua de sinais, ou seja, uma língua que utiliza a modalidade visual-espacial, estabelecida no país a partir de interações entre surdos (o encontro surdo-surdo, conforme apontado por Miranda 2001). Historicamente, a Libras apresenta registros a partir do encontro entre surdos no Instituto Nacional de Educação de Surdos (Ines), que foi fundado em 1856 (Quadros e Campello, 2010; Campello e Quadros, 2021). Desde então, os encontros surdo-surdo aconteceram em diversas cidades brasileiras, onde associações de surdos foram estabelecidas constituindo a Libras social, cultural e linguisticamente. A partir daí, desdobraram-se políticas linguísticas que impactaram a vida das pessoas surdas no país, incluindo acesso a diferentes espaços em Libras, reconhecimento e valorização da língua, educação bilíngue, ensino da Libras e formação de professores de Libras, de professores bilíngues e de tradutores e intérpretes de Libras e Língua Portuguesa. Em 2002, foi publicada a chamada Lei de Libras, a Lei 10.436, que reconhece a Libras como uma língua nacional brasileira:

> Art. 1º É reconhecida como meio legal de comunicação e expressão a Língua Brasileira de Sinais – Libras e outros recursos de expressão a ela associados.
>
> Parágrafo único. Entende-se como Língua Brasileira de Sinais – Libras a forma de comunicação e expressão, em que o sistema linguístico de natureza visual-motora, com estrutura gramatical própria, constituem um sistema linguístico de transmissão de ideias e fatos, oriundos de comunidades de pessoas surdas do Brasil. (Brasil, 2002)

Este reconhecimento legal representa um marco social, político e histórico, além de ser um divisor de águas, pois uma série de desdobramentos instauraram políticas linguísticas favoráveis ao reconhecimento e valorização da Libras depois de 2002, apesar de haver conquistas que antecedem este marco (ver mais detalhes sobre normas brasileiras na institucionalização das práticas sociais dos surdos em Bernieri de Souza, 2020).

O objetivo geral deste capítulo é situar o leitor quanto às políticas linguísticas que compreendem planejamentos com ações para valorização do *status*, para descrição e análise e para aquisição e ensino da Libras. Será também abordada uma análise do ponto de vista legal com vistas ao real, ou seja, às legislações específicas existentes e suas aplicações para disseminação, valorização e usos da Libras que tenham sido implementadas de fato ou que ainda estejam identificadas apenas no papel, no plano teórico ou legal. Ao final, serão apontados políticas e planejamento linguístico que ainda precisam ser aprimorados ou estabelecidos quanto às línguas e as comunidades surdas no atual cenário brasileiro.

A seguir, abordamos políticas linguísticas enquanto campo de conhecimento que implica práticas linguísticas, para, então, adentrar na proposta deste capítulo de abordar em mais detalhes os desdobramentos das políticas linguísticas e a Libras.

POLÍTICAS LINGUÍSTICAS E A LIBRAS

O campo das políticas linguísticas configura tanto uma área de conhecimento como ações relativas às práticas linguísticas sociais. A partir de políticas, pode ser instaurado um planejamento linguístico "para deliberar esforços para influenciar o comportamento de outros com respeito a aquisição, estrutura ou alocação funcional de suas línguas" (Cooper, 1989: 45, tradução nossa). Compreender o que está envolvido no planejamento linguístico e nos estudos de políticas linguísticas está relacionado a compreender o mundo à nossa volta, como as pessoas se relacionam com suas línguas e as línguas dos outros no seu dia a dia, e como as instituições formalizam ações para implementar práticas linguísticas na sociedade, na educação, nas mídias. Planejamento linguístico, portanto, é um plano social. Assim, estamos também discutindo questões relativas à diversidade linguística e a como essa diversidade será ou não acomodada na sociedade (Reagan, 2010).

Nosso objetivo nesta seção é apresentar políticas linguísticas e os planejamentos linguísticos relativos às línguas das comunidades surdas no Brasil a partir de ações governamentais e ações das organizações de surdos. Os surdos brasileiros contam com uma língua nacional, a Língua Brasileira de Sinais. Além desta língua, utilizam a língua portuguesa, uma língua nacional usada pela maioria dos brasileiros, tanto oralmente quanto na modalidade escrita. Também, vários surdos adquirem uma ou mais línguas estrangeiras, entre elas a Língua de Sinais Internacional (IntSL) e a Língua de Sinais Americana (ASL). Ainda, há outras comunidades de surdos no país que usam línguas de sinais indígenas, de pequenos vilarejos e de fronteira (para mais detalhes, ver Damasceno, 2017; Silva, 2021).

No escopo deste capítulo, abordamos três frentes das políticas linguísticas: 1) política de *status*, que promove o reconhecimento, a valorização e a disseminação da língua; 2) a política de *aquisição*, que investe em ensino da língua concentrada também em formas de transmissão da língua; e 3) política de *corpus*, que promove os estudos da língua e a publicação de pesquisas sobre ela (incluindo produções literárias, dicionários e gramáticas da língua).

Quanto à política de *status*, precisamos considerar a história da Libras no país. Bernieri de Souza (2020) apresenta uma retrospectiva histórica sobre a institucionalização das práticas sociais dos surdos nas normas brasileiras estabelecidas em documentos oficiais que indicam políticas linguísticas já instauradas desde o Império, em 1857, no Brasil. A autora identificou processos discursivos que refletem a visão de língua estabelecida ao longo da história por meio de documentos oficiais. Os termos "linguagem de sinais", "modos de comunicação", "gestos" foram amplamente usados para se referir de forma equivocada à Libras. Houve um processo político e social instaurado ao longo dos anos a partir das comunidades surdas representadas pela Feneis.

A culminância da legitimação da Libras por meio legal é alcançada com a Lei de Libras, Lei 10.436/2002. O alcance do trabalho desenvolvido pela Feneis tomou força com o reconhecimento da necessidade de uma educação bilíngue de surdos por parte do Ministério de Educação e Cultura (MEC) do Brasil. Além do fomento à difusão, ensino e formação específica de docentes de Libras, os dispositivos legais reconheceram essa língua como meio de comunicação oficial das comunidades surdas brasileiras, tornando, assim, um direito de qualquer estudante surdo, em qualquer fase escolar, o acesso ao sistema educacional em sua língua. Um direito que não se refere apenas à interpretação e tradução dos conteúdos escolares instituídos, mas também à abertura para novas propostas curriculares que trabalhem efetivamente o ensino nas lógicas das línguas de sinais e das culturas surdas em todas as suas dimensões.

A partir desta Lei, houve uma política linguística explicitamente estabelecida pelo governo federal que dispôs sobre a Libras e deu providências, conforme segue:

> Art. 2º Deve ser garantido, por parte do poder público em geral e empresas concessionárias de serviços públicos, formas institucionalizadas de apoiar o uso e difusão da Língua Brasileira de Sinais – Libras como meio de comunicação objetiva e de utilização corrente das comunidades surdas do Brasil.
>
> Art. 3º As instituições públicas e empresas concessionárias de serviços públicos de assistência à saúde devem garantir atendimento e tratamento

adequado aos portadores de deficiência auditiva, de acordo com as normas legais em vigor.

Art. 4º O sistema educacional federal e os sistemas educacionais estaduais, municipais e do Distrito Federal devem garantir a inclusão nos cursos de formação de Educação Especial, de Fonoaudiologia e de Magistério, em seus níveis médio e superior, do ensino da Língua Brasileira de Sinais – Libras, como parte integrante dos Parâmetros Curriculares Nacionais – PCNs, conforme legislação vigente.
Parágrafo único. A Língua Brasileira de Sinais – Libras não poderá substituir a modalidade escrita da língua portuguesa. (Brasil, 2002)

Em 2005, foi assinado o Decreto 5.626 com o objetivo de regulamentar essa lei desdobrando tais providências com um planejamento linguístico. Entre os pontos abordados neste decreto, destacam-se os seguintes:

1. Inclusão de Libras como componente curricular obrigatório na formação de professores em todos os cursos de licenciatura e no curso de Fonoaudiologia, implementado nos anos seguintes da publicação deste decreto por todas as universidades no país. Assim, todos os cursos de licenciatura e curso de Fonoaudiologia passaram a oferecer, pelo menos, um semestre da disciplina de Libras. Os ajustes curriculares foram sendo feitos por determinação do Ministério da Educação com implicações nas avaliações desses cursos.
2. Criação de cursos de formação de nível superior de professores bilíngues para atuação na educação fundamental, professores de Libras – viabilizou-se a criação da Pedagogia Bilíngue e dos cursos de licenciatura em Letras Libras. Em 2006, a Universidade Federal de Santa Catarina cria o primeiro curso de Letras Libras, organizado de forma a expressar o conhecimento na língua de sinais, bem como a captar as formas de ensinar e de aprender próprias e apropriadas aos surdos. O curso é de Letras, licenciatura em Libras; assim, é um curso que tem o compromisso de formar professores e pesquisadores dessa língua. A participação efetiva de diversas pessoas surdas no processo de execução deste primeiro curso foi e tem sido fundamental, pois somente quando elas

próprias são protagonistas das tomadas de decisões quanto aos caminhos que devem ser seguidos é que estaremos rumando em direção a uma forma diferente de pensar a educação de surdos. Em 2008, a mesma universidade expandiu o projeto com apoio do Ministério de Educação e Cultura e da Secretaria de Educação a Distância para formar os professores de Libras e os intérpretes e tradutores de Libras e língua portuguesa. Em 2014, por meio do Programa Viver sem Limites, do governo federal, foram estabelecidos cursos de Letras Libras em todos os estados brasileiros. Atualmente, contamos com mais de 40 cursos de Letras Libras, em pelo menos uma universidade federal em cada estado do país. Como desdobramento destas formações, mais de 300 professores surdos de Libras estão efetivados em universidades públicas no Brasil com nível de mestrado e/ou doutorado em diversos programas de pós-graduação em instituições que dispõem de políticas de ingressos que contemplam a Libras para o acesso dos candidatos surdos. O curso de Pedagogia foi estabelecido pelo Instituto Nacional de Educação de Surdos, do Ministério da Educação, em 2015, a partir do curso Normal Superior estabelecido previamente desde 2005 (Ines, Projeto Político Pedagógico do Curso Pedagogia, 2019). Em 2015, o curso passou a incorporar em seu currículo disciplinas específicas para a educação de surdos, entre elas as disciplinas de Educação Bilíngue, Estudos Surdos, Libras e Língua Portuguesa (como primeira e segunda língua). Este curso integrou o Programa Viver sem Limites, passando a ser oferecido na modalidade a distância em vários estados brasileiros.

3. Formação de tradutores e intérpretes, prevista tanto em nível superior, como no nível profissional técnico. Atualmente, há oito cursos de graduação para formar tradutores e intérpretes de Libras, bacharéis, em universidades federais. Além destes cursos, há também cursos de nível técnico sendo oferecidos em institutos federais.
4. Atuação dos tradutores e intérpretes, prevista para garantia da acessibilidade em Libras em diferentes espaços públicos, em especial, nas instituições federais de ensino da educação básica e da

educação superior. Em 2006, logo após a publicação deste decreto, o governo federal disponibilizou mais de 2.000 vagas para concursos de tradutores e intérpretes de Libras e língua portuguesa. Estas vagas foram distribuídas entre universidades federais, institutos federais e o Ines. No governo de Jair Bolsonaro, tais concursos foram suspensos e o cargo de tradutor e intérprete foi extinto dos quadros de pessoal da administração pública federal (Decreto 10.185/2019). Este decreto inviabilizou a continuidade da política instaurada no governo anterior estabelecida previamente por meio do Decreto 5.626/2005. Foram buscadas alternativas por meio de contratação de empresas que oferecem o serviço de tradução e interpretação de Libras e língua portuguesa para atender demandas do serviço público. No entanto, várias dificuldades foram impostas diante dos cortes públicos dos recursos previstos no orçamento das universidades públicas federais. Assim, muitos alunos e professores surdos foram prejudicados ao longo destes últimos anos.
5. Determinação da prioridade à formação e à contratação de professores surdos para o ensino de Libras, que garantiu a prioridade aos surdos no ingresso nos cursos de licenciatura em Letras Libras e, aos professores surdos, na contratação e efetivação em diferentes espaços educacionais, uma política afirmativa que viabilizou a presença de professores surdos nos cursos de graduação de Letras Libras e também nas escolas de educação básica para o ensino de Libras.

Tais ações implicam avanços em relação ao *status* da Libras. O fato de haver uma lei que a reconhece e de contarmos com sua implementação por ações concretas legitimou a Libras na sociedade brasileira. Um curso de Letras Libras situa a Libras entre as outras línguas dos cursos de Letras. Este reconhecimento valoriza a língua, elevando o seu *status* na relação com as demais línguas. Além disso, simbolicamente, estabelece seu espaço entre as demais para a sociedade em geral.

O papel da Feneis em todo o processo de legitimação, assim como de implementação das políticas linguísticas relativas à Libras, foi fundamental. A Feneis efetivamente promoveu cursos de formação, capacitação e bancas de avaliação para mapear e atestar a qualificação e a qualidade de intérpretes e tradutores de Libras e língua portuguesa, assim como de professores de Libras. Também difundiu a Libras por todo o país, apresentando-se em diferentes eventos para sensibilizar e convencer sobre a importância da Libras para os surdos. Outro marco significativo que precede as instituições de normas legais para a comunidade surda foi o documento "A educação que nós surdos queremos". Em 1999, esse texto foi considerado uma das maiores ações coletivas organizadas do movimento de surdos brasileiros. Foi elaborado por um coletivo de líderes surdos durante o encontro pré-evento do "V Congresso latino-americano de Educação Bilíngue para Surdos", em Porto Alegre, no Rio Grande do Sul. Líderes surdos de diversas regiões e a diretoria da Feneis se reuniram e discutiram, exclusivamente entre surdos, a elaboração de um pleito em consonância com as demandas de vida que manifestassem a perspectiva dos próprios surdos. Nesse mesmo ano, a Feneis entregou o documento oficialmente ao Ministério da Educação brasileiro, posicionando-o formalmente como uma reivindicação dos cidadãos surdos do Brasil. Os tópicos que compõem o texto já apresentavam propostas de intervenção em âmbito acadêmico, educacional, de acessibilidade, saúde e governamental – um debate que pode ser entendido como o produto da reflexão de líderes surdos em torno de diferentes âmbitos, em que os direitos linguísticos dos surdos confluem para problemas em educação de surdos. Umas das principais reivindicações dessa proposta era a presença da diferença dos modos de ser surdo em relação aos ouvintes e a necessidade de se pensar políticas públicas a partir disso (Stumpf e Quadros, 2021).

Uma política linguística que envolve ações de *status* e de *corpus* mais recentemente implementada no Brasil é a oferta do Exame Nacional do Ensino Médio (Enem) em uma versão em vídeo traduzida para Libras – caso os candidatos optem por esse formato.

Quanto às políticas linguísticas de *aquisição* de línguas, reconhecendo a Libras como primeira língua e a língua portuguesa como segunda língua, temos a Lei 13.005 de 2014, que apresenta o Plano Nacional de Educação com a meta 4.7 sobre a educação bilíngue para surdos:

> 4.7) garantir a oferta de educação bilíngue, em Língua Brasileira de Sinais – LIBRAS como primeira língua e na modalidade escrita da língua portuguesa como segunda língua, aos(às) alunos(as) surdos e com deficiência auditiva de 0 (zero) a 17 (dezessete) anos, em escolas e classes bilíngues e em escolas inclusivas, nos termos do art. 22 do Decreto no 5.626, de 22 de dezembro de 2005, e dos arts. 24 e 30 da Convenção sobre os Direitos das Pessoas com Deficiência, bem como a adoção do Sistema Braille de leitura para cegos e surdos-cegos.

Isso implica uma aquisição precoce, que começa quando o diagnóstico de surdez do bebê é confirmado. A aquisição da Libras, bem como a aquisição da língua portuguesa, está prevista nos documentos oficiais e necessita ser implementada. Novamente, há uma reafirmação dos direitos dos surdos, a partir da diversidade linguística e com uma compreensão diferenciada do que se entende por inclusão.

Em 2021, foi publicada a lei sobre a nova modalidade de Educação Bilíngue de Surdos que determina sua inclusão na Lei de Diretrizes e Bases da Educação Nacional (LDB). Com isso, dá-se continuidade à política que contempla um planejamento linguístico de aquisição de línguas. Este documento especifica suas finalidades conforme segue:

> § 1º Haverá, quando necessário, serviços de apoio educacional especializados, como o atendimento educacional especializado bilíngue, para atender às especificidades linguísticas dos estudantes surdos.
>
> § 2º A oferta de educação bilíngue de surdos terá início ao zero ano, na educação infantil, e se estenderá ao longo da vida.
>
> § 3º O disposto no caput deste artigo será efetivado sem prejuízo das prerrogativas de matrícula em escolas e classes regulares, de acordo com o que decidir o estudante ou, no que couber, seus pais ou responsáveis, e das garantias previstas na Lei nº 13.146, de 6 de julho de 2015 (Estatuto da Pessoa com Deficiência), que incluem, para os surdos oralizados, o acesso a tecnologias assistivas.
>
> Art. 60-B. Além do disposto no art. 59 desta Lei, os sistemas de ensino assegurarão aos educandos surdos, surdocegos, com deficiência auditiva sinalizantes, surdos com altas habilidades ou superdotação ou com outras deficiências associadas materiais didáticos e professores bilíngues com formação e especialização adequadas, em nível superior.

Parágrafo único. Nos processos de contratação e de avaliação periódica dos professores a que se refere o caput deste artigo serão ouvidas as entidades representativas das pessoas surdas. (Brasil, 2021)

A proposta situa a educação de surdos enquanto diversidade linguística com base nos direitos humanos linguísticos, que estabelece os direitos das minorias linguísticas de acesso à educação na sua língua, bem como do ensino da sua língua e do ensino da segunda língua, língua do país, no seu processo de escolarização. A educação bilíngue proposta ainda vai além, pois estabelece que a educação de surdos deve acontecer com as crianças surdas com seus pares surdos, mesmo quando convivem com seus pares ouvintes. No entanto, parece haver descompasso entre estes avanços e a implementação, de fato, de uma educação bilíngue. Em nome de uma política de inclusão, o Ministério da Educação avançou no sentido do reconhecimento da Libras, mas simplificou a educação bilíngue à inclusão da Libras na escola regular de ensino por meio da presença de intérpretes de língua de sinais. A educação bilíngue precisa ser estabelecida a partir de um ambiente bilíngue no qual as crianças surdas cresçam com referências de adultos surdos e de pares surdos, ou seja, que estejam em meio a colegas surdos. O agrupamento de surdos é fundamental para acontecer um processo de aquisição da Libras enquanto primeira língua em meio à constituição social e cultural das crianças surdas. Assim, a LDB passou a contemplar esta possibilidade de forma concreta, mas ainda precisa ser implementada.

A política de *corpus* da Libras está sendo estabelecida no país por meio da documentação da Libras, que acontece em diferentes frentes:

a. *Corpus* de Libras: envolve uma série de projetos com produções em Libras que são disponibilizadas pelos próprios pesquisadores com consentimento dos usuários de Libras. Tais produções podem ser acessadas para fins didáticos ou acadêmicos por meio da página https://corpuslibras.ufsc.br/.
b. Inventário Nacional de Libras: é um levantamento linguístico e sociolinguístico da Libras que integra o Inventário Nacional da Diversidade Linguística (INDL), instituído pelo decreto

presidencial 7.387/10 como um instrumento de identificação, reconhecimento, valorização e promoção das línguas faladas no Brasil (Iphan, 2012: 1). Foi feito um estudo sociolinguístico para mapear os usos da Libras no país, que resultou no livro *Língua brasileira de sinais: patrimônio linguístico brasileiro* (Quadros et al., 2018), disponibilizado no Portal de Libras e na página do *Corpus* de Libras. O levantamento linguístico compreende produções de surdos de referência, reconhecidos pelas suas respectivas comunidades como representantes de sua língua e, também, de um grupo de 36 surdos de cada região do país. Ele integra atualmente cinco cidades brasileiras: Florianópolis/SC, Maceió/AL, Fortaleza/CE, Palmas/TO e Rio Branco/AC (ver mais detalhes em Quadros et al., 2020, e Quadros e Sousa, 2021).

c. Antologia de Literatura em Libras: é uma seleção de obras literárias em Libras com análises (Sutton-Spence et al., 2020) que visa estabelecer uma referência literária devidamente organizada de acordo com seus gêneros literários e suas características. Também, a proposta é uma forma de documentação da Libras com o intuito de sua disponibilização para fins educacionais e lúdicos.

Todos os materiais decorrentes destas ações estão disponíveis por meio de um portal público de acesso livre, o Portal de Libras, disponível em: https://portal-libras.org/. Desta forma, esta política de *corpus* está devidamente materializada, impactando também a política de *status*, pois à medida que a língua é registrada e disseminada por meio de produções em Libras, ela passa a ser reconhecida e valorizada enquanto prática linguística no país.

FUTURO DAS POLÍTICAS LINGUÍSTICAS, PLANEJAMENTO E IMPLEMENTAÇÃO

A política de *status* está estabelecida no país por meio das várias ações desdobradas a partir da Lei de Libras e do Decreto 5.626. Cursos de formação de professores de Libras e de professores bilíngues foram criados no país desde 2006, implicando em produção de conhecimentos relativos à Libras. A política de *corpus* está estabelecida com publicações no Portal de Libras e no *Corpus* de Libras. No entanto, mostra-se ainda necessário avançar na disseminação tanto dos produtos das investigações quanto do conhecimento produzido em Libras. Há poucas publicações diretamente em Libras, tanto na modalidade em sinais como na modalidade de escrita de sinais. Assim, essa política precisa ser continuada no país. A política de aquisição está ainda sendo implementada, pois, apesar de haver legislação que reconhece a Libras como primeira língua da criança surda e a língua portuguesa como segunda língua, a aquisição da Libras ainda acontece tardiamente, e a educação bilíngue ainda não foi devidamente implementada.

Constatamos que a educação bilíngue de surdos ainda não adquiriu o "*status*" de prioridade na agenda política dos governantes – é evidente a resistência por parte do poder público, por conta das compreensões equivocadas a respeito do que representa "inclusão" no contexto de educação brasileira. Sabemos da complexidade que envolve a educação bilíngue de surdos e dos desafios, mas com o atual Plano Nacional de Educação esses desafios precisam ser enfrentados juntamente com as lideranças e intelectuais surdos. As representações dos surdos por meio da Feneis, bem como os intelectuais que representam as pesquisas atuais no campo da educação de surdos e linguística das línguas de sinais, incluindo mestres e doutores surdos, devem ser chamados pelos agentes das políticas públicas para implementar a educação bilíngue no Brasil. Inúmeros desafios devem ser superados para que se efetive, na prática, a escola preconizada pela Convenção dos Direitos das Pessoas com Deficiência e a legislação brasileira, que preveem a educação bilíngue, de modo que as escolas bilíngues de surdos estejam a serviço dessas comunidades surdas brasileiras.

O grande passo que os agentes educacionais precisam dar envolve a participação efetiva da comunidade surda para o planejamento desta implementação, tanto em relação à educação bilíngue em si, como também em todas as questões que envolvem os direitos das pessoas surdas, entre elas o acesso aos diferentes espaços sociais por meio da presença de profissionais tradutores e intérpretes de Libras e língua portuguesa.

Também será importante o apoio às ações que envolvam a produção de materiais em Libras, que devem partir de um planejamento de *corpus* da Libras, assim como a promoção da produção de materiais que requeiram a elaboração de métodos formais de aprendizado de Libras como primeira e segunda língua, e de materiais em língua portuguesa adequados para a aquisição de uma segunda língua.

Sustentamos que se faz necessária a união de surdos e ouvintes para que as inovações consistentes não sejam apenas aquelas das discussões das evidências trazidas pelas pesquisas, mas as que surgem das estratégias de negociação postas em prática, atentas às "diversidades" implicadas pela Libras, às identidades e culturas surdas, para se garantir a verdadeira "inclusão" que permita aos surdos exercerem a cidadania de forma efetiva na sociedade brasileira.

Referências

BERNIERI DE SOUZA, Rosemeri. *Direitos linguísticos e institucionalização das práticas sociais dos surdos nas normas brasileiras.* Florianópolis, 2020. (Tese de Doutorado) – Programa de Pós-Graduação em Linguística, Universidade Federal de Santa Catarina.

BRASIL. Lei 10.436 de 24 de abril de 2002. Lei que dispõe sobre a Língua Brasileira de Sinais. Presidência da República. 2002. Disponível em: https://www.planalto.gov.br/ccivil_03/leis/2002/l10436.htm. Acesso em: 1º fev. 2023.

BRASIL. Decreto nº. 5.626, de 22 de dezembro de 2005. Regulamenta a Lei nº 10.436, de 24 de abril de 2002, que dispõe sobre a Língua Brasileira de Sinais Libras, e o art. 18 da Lei nº 10.098, de 19 de dezembro de 2000. Disponível em: https://www.planalto.gov.br/ccivil_03/_ato2004-2006/2005/decreto/d5626.htm. Acesso em: 1º fev. 2023.

BRASIL. Decreto no. 10.185 de 20 de dezembro de 2019. Extingue cargos efetivos vagos e que vierem a vagar dos quadros de pessoal da administração pública federal e veda a abertura de concurso público e o provimento de vagas adicionais para os cargos que especifica. Disponível em: http://www.planalto.gov.br/ccivil_03/_Ato2019-2022/2019/Decreto/D10185.htm. Acesso em: 09 set. 2023.

BRASIL. *Plano Nacional de Educação 2014-2024.* Lei nº 13.005, de 25 de junho de 2014, que aprova o Plano Nacional de Educação (PNE) e dá outras providências. Brasília: Câmara dos Deputados, Edições Câmara, 2014.

BRASIL. Lei Nº 14.191, de 3 de agosto de 2021. Altera a Lei nº 9.394, de 20 de dezembro de 1996 (Lei de Diretrizes e Bases da Educação Nacional), para dispor sobre a modalidade de educação bilíngue de surdos. Disponível em: https://www.planalto.gov.br/ccivil_03/_ato2019-2022/2021/lei/l14191.htm. Acesso em: 2 ago. 2023.

CAMPELLO, A. R.; QUADROS, R. M. de. Introdução sobre a Língua Brasileira de Sinais: língua, cultura, história, política. In: QUADROS, R. M. de. (org.). *Gramática da Libras.* Editora Arara Azul, 2021. Disponível em: https://libras.ufsc.br/arquivos/vbooks/gramatica/. Capítulo 2. Acesso em: 9 set. 2023.

DAMASCENO, L. M. S. *Surdos pataxó:* inventário das Línguas de Sinais em território etnoeducacional. Dissertação (Mestrado em Língua e Cultura) – Instituto de Letras, Universidade Federal da Bahia, Salvador, 2017.

INES. Projeto Pedagógico do Curso de Licenciatura em Pedagogia. Ministério da Educação. 2019.

IPHAN. Ministério da Cultura. *Guia de Pesquisa e Documentação para o INDL,* 2012. Disponível em: http://portal.iphan.gov.br/uploads/ckfinder/arquivos/Guia%20de%20Pesquisa%20e%20Documenta%C3%A7%C3%A3o%20para%20o%20INDL%20-%20Volume%201.pdf. Acesso em: 9 set. 2023.

MIRANDA, Wilson. *Comunidade dos surdos:* olhares sobre os contatos culturais. Porto Alegre, 2001. (Dissertação de Mestrado) – UFRGS.

QUADROS, Ronice Muller de; CAMPELLO, Ana Regina e Souza. Constituição política, social e cultural da Língua Brasileira de Sinais. In: VIEIRA-MACHADO, Lucyenne Matos da Costa; LOPES, Maura Corcini. (Org.). *Educação de surdos:* políticas, língua de sinais, comunidade e cultura surda. Santa Cruz: Edunisc, 2010, v. 1, pp. 15-47.

QUADROS, Ronice Müller de et al. *Língua brasileira de sinais:* patrimônio linguístico brasileiro. Editora Garapuvu. 2018. Disponível em: https://corpuslibras.ufsc.br/publicacoes/categoria?categoria=Livro. Acesso em: 9 set. 2023.

QUADROS, Ronice Müller de et al. Inventário nacional da Libras. *Dossiê | Forum lingüístic*. Florianópolis, v. 17, n. 4, out/dez 2020, pp. 5.457-74.

QUADROS, Ronice Müller de; SOUSA, Alexandre Melo. Brazilian Sign Language Corpus: Acred Libras Inventory. *Revista Estudos Linguísticos*. Belo Horizonte, v. 29, n. 2, 2021, pp. 805-28.

REAGAN, Timothy G. *Language Policy and Language Planning for Sign Languages*. Washington: Gallaudet University Press, 2010.

SILVA, Diná Souza da. *Inventário de línguas de sinais emergente encontradas no Brasil:* o caso da Cena (Jaicós, Piauí) e da língua de sinais de Caiçara (Várzea Alegre, Ceará). Florianópolis, 2021. (Tese de Doutorado) – Programa de Pós-Graduação em Linguística, Universidade Federal de Santa Catarina.

STUMPF, M. R.; QUADROS, R. M. de. Para além das políticas linguísticas: língua brasileira de sinais. In: REIS, L.; FIGUEIREDO, A. A. (orgs.). *Línguas de sinais de um continente a outro:* atualidades linguísticas, culturais e de ensino. Editora Pontes, 2021, pp. 109-41.

SUTTON-SPENCE, Rachel et al. Antologias literárias em Libras. *Dossiê | Forum lingüístic*, Florianópolis, v. 17, n. 4, out/dez 2020, pp. 5.505-25.

AQUISIÇÃO DE LINGUAGEM E O CONTEXTO LINGUÍSTICO DA CRIANÇA SURDA

Desirée De Vit Begrow
Liliane Toscano de Brito

Na Fonoaudiologia, tem ocorrido um movimento para o acolhimento da criança que não escuta considerando suas características como sujeito, sua forma de ser, e não a patologia que, por um olhar biológico, insiste em caracterizá-la pela "falta". Esse entendimento ou forma de olhar tem impactos importantes que afetam a relação do profissional com a criança e as condutas terapêuticas assumidas dentro desse processo. Portanto, propõe-se que seja discutido não a falta de audição ou o processo de "reabilitação" como comumente se diz, mas, antes, a concepção teórica que sustenta o olhar do fonoaudiólogo na relação com o outro.

Para compreender essa proposição, cabe também que se explique outro ponto que designa o discurso proposto, que é o da Fonoaudiologia Bilíngue para Surdos,[1] que, mesmo não se tratando de uma nova área dentro do campo da Fonoaudiologia, pretende enfatizar o entendimento da pessoa surda por suas especificidades linguísticas, por isso, "bilíngue", e não como um organismo que foge do padrão tomado como normal, desejado e almejado.

Instaura-se, portanto, dois grandes conceitos – o modelo médico e o modelo social – que se articulam na tessitura deste texto, fundamentando teoricamente subsídios para sustentar a clínica com o Surdo a partir do engendramento de caminhos que valorizam a relação dialógica com o sujeito e que colocam o terapeuta como parte integrante dessa relação.

Pelo que consideramos até aqui, convém que se especifiquem percursos propostos partindo da Aquisição de Linguagem (AL) pela perspectiva do interacionismo brasileiro e, em seguida, da Fonoaudiologia Bilíngue, sua relação com o Surdo e com a "fala" deste sujeito. Partindo daí, entende-se que o ponto fundamental a ser discutido é o sujeito, e não a perda auditiva. Isso posto, ressalta-se o "compromisso com a fala da criança" e a participação do outro nesse processo (Lier-De Vitto e Carvalho, 2008: 116). Vale ressaltar que a fala está aqui colocada de forma geral, e não especificando uma "fala oral", mas a expressão do sujeito linguístico.

Por conseguinte, um conceito que, a nosso entendimento, atravessa a perspectiva com que a sociedade olha para a criança que não escuta (nomeada como surda ou deficiente auditiva, genericamente e sem adentrarmos em especificidades que circulam e norteiam práticas) e que acaba por configurar-se como "filtro" no estabelecimento de relações com o sujeito é o da "deficiência". Rocha (2019), refletindo sobre as questões das pessoas com deficiência física, ressalta que o olhar para o "corpo" da pessoa com deficiência remete à lógica do desvio da normalidade, evidenciando os conceitos de "normal e anormal" e "eficiente e deficiente". A marca da dualidade – uma forma ou outra – implica existir ou não existir, ser aceito ou não ser aceito, pois o corpo expressa e apresenta o que ou como a sociedade olhará para esta pessoa. Esse olhar fatalmente determinará a posição a ser ocupada por ela nos diferentes lugares sociais pelos quais circulará. Ressalta-se que, no caso das perdas auditivas, a deficiência, embora não aparente no "corpo", evidencia-se pelo que é considerado como característica primordial do humano – a "fala" –, o que implica que a incapacidade a ela atribuída reside no entendimento social da impossibilidade de comunicação. Marca outra vez aparente pelo uso da língua de modalidade gestual, o que, por questões que discutiremos adiante, denota prestígio ao oral, condenando ao fracasso os que não o alcançam por motivos variados.

Refletir sobre tais aspectos exige deslocar-se ao momento inicial em que tudo isso se instala: o nascimento e o importante instante da Triagem Auditiva Neonatal, que, feita ainda na maternidade, pode "selar" a relação que a mãe estabelecerá com o filho a partir daí.

É de conhecimento que, através da Lei 12.303, desde 2010 a Triagem Auditiva Neonatal Universal (Tanu) deve ser realizada em todos os recém-nascidos entre 24 a 48 horas após o nascimento, ainda na maternidade, entendendo a importância do diagnóstico precoce para os encaminhamentos necessários a fim de "minimizar" os efeitos das perdas auditivas, quer seja pelos princípios da habilitação da audição ou pelo entendimento da identificação cultural surda. A importância dessa avaliação ser realizada o mais cedo possível é indiscutível para toda e qualquer atenção ser prestada ao bebê. Contudo, uma vez em questão a "aquisição de linguagem" do bebê surdo, levando em consideração aquilo que o constitui como sujeito e que o insere na linguagem, é preciso pensar sobre os efeitos que a notícia da perda auditiva pode gerar no estabelecimento do "diálogo" entre a mãe e o bebê. Myriam Madillo-Bernard (2007) explica que a notícia, para a maior parte das famílias de crianças surdas, implica representações negativas; logo, é possível compreender que tal informação pode gerar a busca pelo que consideram como "cura" e com isso, consequentemente, bloquear, de alguma forma, o apego entre a mãe e o bebê, interferindo no diálogo fundamental a se estabelecer entre eles. Assim, tomando as palavras de Bouvet (1990: 108, tradução nossa), "quando a surdez é diagnosticada numa criança, é a mãe que perde a fala". Pensando então na linguagem da criança surda, importa que no diagnóstico não se perca o estabelecimento do diálogo entre a mãe e o bebê. A identificação da perda auditiva é essencial desde o momento mais breve possível, mas o reconhecimento mútuo da díade mãe-bebê é crucial para que este sujeito passe realmente a existir.

 Entendendo a relevância de todos os procedimentos clínicos envolvidos desde o nascimento do bebê e a fundamental participação da Fonoaudiologia nisso, vê-se que a compreensão dos papéis presentes principalmente no início da trajetória é essencial para que se possa promover relações dialógicas saudáveis entre mãe e bebê. Relações essas que se dão no afeto, e não apenas pelo uso de dispositivos de amplificação sonora. Nesse sentido, vale reconhecer a importância da tecnologia para a criança surda, mas principalmente entendendo que esta não configura a cura da perda auditiva, e, sim, um recurso complementar importante que contribui quando se olha para a necessária inserção social e cultural da criança surda na sociedade não surda e para as possibilidades de uso da oralidade na presença da perda auditiva.

Verifica-se então, a instância da criança surda em um duplo lugar que não a considera pela audição como característica anormal, mas que a insere em possibilidades de trânsito e atravessamento pela língua visual e também pela língua compartilhada pela família na condição de ser não surda. A esse duplo lugar chamamos de Bilinguismo Surdo, que não se resume ao uso de duas línguas – a gestual e a oral/escrita ou, ainda, a língua da comunidade minoritária/surda e a língua da comunidade majoritária/ouvinte – num binarismo que comporta oposição. No Bilinguismo Surdo aqui compreendido, entende-se a possibilidade de participação da criança surda nas duas línguas, a partir de seu entendimento como Surda que carrega em si um modo de ser gestual-visual e que se insere também na comunidade que usa outra língua ou nas relações culturais em que circulam significados orais-auditivos.

Com o intuito de contextualizar essa discussão, optou-se por trazer casos reais que evidenciam as relações estabelecidas entre os familiares e a criança surda, as quais trazem questionamentos quanto à AL, escolha da língua e interação entre mãe e filho. Assim, serão apresentados a seguir recortes das falas de familiares de crianças com perdas auditivas variadas, retirados de momentos vivenciados na clínica fonoaudiológica.

O primeiro caso reportado trata-se de uma mãe surda profunda bilateralmente e usuária de Língua Brasileira de Sinais (Libras), cujo filho tem perda profunda bilateral, estando, na época, com 1 ano e 7 meses. O pai da criança é ouvinte e todos residem na casa da avó paterna, que também é ouvinte. Dessa forma, apenas mãe e filho compartilham a mesma condição auditiva.

Segmento 1 – Nesta primeira situação foi realizada orientação fonoaudiológica (F) à mãe (M) a respeito da interação entre ela e a criança (C). Como o diálogo se deu em Libras, optou-se por realizar a transcrição utilizando os parâmetros e a legenda proposta por Lacerda (1996).[2]
F: /VOCÊ/ /USAR/ /LIBRAS/ /CONVERSAR/ /ELE/?
M: /NÃO/ /ESPERAR/ /CRESCER/ /ENSINAR/ /PEQUENO/
F: /PODER/ /USAR/ /LIBRAS/ /CONVERSAR/ /IMPORTANTE/
M: (risos)

Nota-se que a aquisição da língua de sinais para a mãe é compreendida como um processo de aprendizagem ao assumir a necessidade de aguardar o "tempo/idade/fase ideal" para que a criança possa ser exposta à língua e aprendê-la. É relevante que se analise essa fala, compreendendo que a mãe considera a linguagem como um objeto passível de parcelamento em que suas propriedades apresentam uma hierarquia para serem acessadas, desconsiderando as relações dialógicas constituídas na interação entre mãe e filho, nas quais a língua circula. De Lemos (2006), questiona esse entendimento tão presente socialmente, afirmando que, nesta perspectiva, compreende-se que o desenvolvimento linguístico pode ser definido como "processo de *aprendizagem*, ou *construção* de conhecimento, necessário para que a criança venha a ser falante nativo de uma língua particular destinada a ser sua 'língua materna'" (Lemos, 2006: 21, grifos do original).

Considerando principalmente o contexto escolar em que muitos surdos tiveram acesso à Libras, no caso do Brasil, é possível entender o que leva essa mãe a conceber a aquisição da língua de sinais (LS) como aprendizagem. Como grande parte das crianças surdas são provenientes de lares ouvintes, as LS, na maioria das vezes, não estão presentes no dia a dia, diferente do que acontece com as crianças ouvintes que são expostas à língua oral desde o nascimento. A interação com a língua gestual-visual geralmente acontece nas escolas ou em centros educacionais/clínicos por intermédio de um interlocutor surdo ou ouvinte e em contextos provocados e formais. É importante que se considere, neste caso, a concepção sobre esse processo em decorrência da experiência linguística à qual a mãe, sendo surda, foi submetida. Vê-se, de certo modo, uma destituição do lugar de interlocutora na relação com o filho pela língua utilizada por esta mãe. De forma a rever essa postura, foi solicitado à mãe que acompanhasse a terapia fonoaudiológica na tentativa de sensibilizá-la e permitir que compreendesse que é possível usar sua língua com o filho, não sendo necessário esperá-lo crescer para, então, ensiná-lo – como se essa vivência precisasse ser intermediada por metodologias específicas tal qual se dá no ensino de línguas em escolas. O segmento a seguir ilustra a situação:

F: /BRINCAR/ /ANIMAIS/ /QUERER//CAVALO/ /BOI/ /PATO/ (apresenta os bonecos dos animais para a criança)
C: /PATO/
F: /PATO/ (entrega o boneco do pato para a criança)

Neste momento, a mãe, que permanecia afastada e indiferente à interação entre a terapeuta e o filho, corre, imediatamente, para perto dele e começa a apresentar diversos sinais dos animais. Desse dia em diante, a relação entre ambos se modificou, o que evidencia que trazer a mãe para o espaço terapêutico foi essencial para a compreensão de que a criança poderia ser capturada pela língua a partir de sua interação com o outro e a língua. É importante salientar que a Libras era utilizada na terapia fonoaudiológica significando a "fala", e não era colocada em "parcelas/categorias" (semântica, sintática etc.) ou ensinada para a criança. O propósito sempre foi o de permitir a interação da criança com a língua, e não a memorização/reprodução de sinais isolados (nomeação).

Conforme Bizio (2008), as hipóteses sobre a aquisição de linguagem da criança surda são continuamente vinculadas aos processos de ensino-aprendizagem. Para o autor, o efeito do funcionamento da linguagem é ignorado, e a perda auditiva é abordada somente por um viés pedagógico nos estudos sobre aquisição de linguagem, o que retira a criança surda de uma convivência linguística rica e a insere num campo estrito de "reabilitação".

Ao tomar o processo de aquisição de uma língua como algo que deve ser ensinado e aprendido, ou, por outro lado, ao tomar a criança como naturalmente apta a adquirir a língua de sinais somente por esta ser de modalidade gestual-visual e aparentemente acessível aos olhos, deixa-se de levar em consideração o papel do outro, da língua e da própria criança nesse processo. Como aponta Bizio (2008: 48), "a própria heterogeneidade do surdo com a linguagem deveria interrogar os pesquisadores e suspender a naturalidade que se pensa a aquisição da linguagem". Conforme o autor, a relação da criança com a linguagem deve ser compreendida como enigmática e imprevisível, pois seu caráter é singular.

Segmento 2 – O relato a seguir retrata como uma mãe lida com a perda auditiva de sua filha após a descoberta de que ela havia nascido com perda auditiva sensorioneural leve bilateral.
F: Por que a senhora não fala com sua filha? É importante, para que ela adquira a linguagem, que vocês interajam e que a senhora fale com ela. A perda dela é pequena, ela não vai ter dificuldades para compreender a linguagem oral.
M: Não adianta, ela não escuta o que eu falo. Ela já saiu da maternidade sem ouvir.

É notório o impacto que o diagnóstico da perda auditiva causou nessa mãe, a ponto de ela se negar a falar com a filha. Certamente, para uma família ouvinte, a descoberta da surdez de um filho não é comemorada; entretanto, os efeitos causados por essa revelação podem ser devastadores para o estabelecimento de uma relação saudável e favorável para a constituição dessa criança. Isso remete à questão trazida anteriormente, em que se questiona a forma como a informação chega à família e como esta significa e processa a nova realidade. Fica explícito, aqui, que houve um bloqueio da mãe diante do diagnóstico, o que a impede de falar com sua filha apesar de a perda auditiva não ser relevante a ponto de impedir ou prejudicar o acesso auditivo à linguagem e, por conseguinte, a aquisição da linguagem oral pela filha.

A clínica de linguagem que está fundada no interacionismo brasileiro encontra um impasse diante dessa família que busca a oportunidade de a criança falar, mas que, em contrapartida, lhe nega o seu lugar de falante. O enfrentamento de questões que vão além do linguístico exige do fonoaudiólogo a desconstrução da ideia de deficiência e de incapacidade para, assim, ressignificar a relação entre mãe e filha.

Tomando esse raciocínio, é possível refletir sobre o impacto gerado na família ou na mãe pela ideia construída de "impossibilidade" de manter diálogo com a filha pela falta da audição. É necessário que se discuta onde e como isso se estabelece, visto que a criança ao nascer não "demonstra" a perda auditiva, ou melhor, a deficiência não é aparente. Isso significa que há uma construção a partir de algo, e suspeitamos que seja a ideia de deficiência que interfira no estabelecimento de relações.

Segmento 3: Uma antiga paciente da clínica (surda profunda bilateralmente) retorna trazendo seu filho (surdo profundo bilateralmente) para ser atendido. É importante ressaltar que ela usa Libras e que o pai da criança é surdo e também a utiliza. Eles moram com a avó materna (ouvinte) e têm uma filha ouvinte.
F: /POR QUE/ /TRAZER/ /FONOAUDIOLOGIA/
M: /ENSINAR/ /FALAR/
F: /VOCÊ/ /USAR/ /LIBRAS/ /PAI/ /TAMBÉM/ /PORQUE/ /QUERER/ /ELE /FALAR/
/VOCÊ/ /USAR/ /LIBRAS/ /CASA/ /CONVERSAR/ /PAI/ /USAR/ / LIBRAS/ /NÃO/ /SABER/ FALAR/
M: /CASA/ /ENSINAR/ /FALAR/
F: /COMO/ /FAZER/
M: (emite um som ininteligível e contínuo) aponta para um objeto como se estivesse nomeando-o.
F: /FAZER/ /CASA/ /ENSINAR/ /FALAR/
M: /SIM/ /VOCÊ/ /ENSINAR/ /FALAR/ /ELE/

 Esse recorte traz vários elementos que podem ser analisados e destrinchados, um deles é o fato de pais surdos usuários de Libras buscarem na clínica fonoaudiológica a possibilidade de o filho surdo falar. Observa-se nitidamente que o senso comum enraizado na sociedade atribui à fala o "papel" de minimizar a surdez, e essa concepção atravessa as relações entre pais surdos que "fracassaram" em oralizar e o filho surdo que alimenta nesses pais a expectativa de sucesso, ou seja, a oralidade.

 Em uma das sessões, a criança queria ir ao banheiro, mas, como não sabia informar, apenas bateu na porta como se estivesse querendo encontrar a mãe. Como a terapeuta interpretou de forma errada o que ela queria dizer, não abriu a porta, e ela urinou na sala. Diante desta situação, foi realizada uma orientação para a mãe e a avó materna sobre a importância de mostrar à criança sinais básicos do dia a dia, para evitar que ela passasse novamente por tal constrangimento, além de permitir que a criança circulasse pela língua. Após esse episódio e a orientação realizada, a postura da família modificou, e a criança, que antes era alheia aos sinais da Libras, passou a utilizá-los nos ambientes que frequentava, como casa, escola, clínica e igreja. A mudança na postura da criança e de sua família foi notável.

Essa situação vivenciada leva a pensar sobre o significado da LS para a pessoa surda. Quando, por exemplo, este significado se pauta em uma concepção que envolve a supremacia do oral sobre o gestual e em equívocos sobre a aquisição das línguas de sinais, ele pode impedi-la, inclusive, de estar em relação dialógica com o próprio filho, como se ela destituísse a si mesma do poder interacional: sua "fala" não tem lugar, não tem poder, não pode ser "transmitida" para o outro. Parece estar explícito, neste relato, que a Libras serve como "meio de comunicação" entre surdos, e não como língua valorizada e circulante num meio social mais amplo e entre surdos e ouvintes. Reflete-se, desta forma, sobre essa construção que subestima a comunidade surda e desvaloriza a fala deste grupo pelo não reconhecimento social, embora haja a legitimação legal da língua.

Quadros (2017: 65) diz:

> A experiência de nascer, viver e crescer com uma família surda é incorporada, é "vista", é transmitida no dia a dia e, ao mesmo tempo, na relação com os ouvintes, com acontecimentos cinestésicos que estão imersos em representações culturais, sociais, políticas e linguísticas surdas e ouvintes, atravessadas por substratos filosóficos, éticos e estéticos marcados por tensões nas zonas de contato.

Tal atitude vinda de uma família de criança surda, constituída por pais sinalizantes, pode parecer incomum e inusitada, mas mostra reflexos da sociedade que atravessam as relações que, aparentemente, estariam livres de estereótipos e preconceitos associados à surdez e à LS. Vale ressaltar que a filha mais velha (ouvinte) do casal oraliza e sinaliza. Tal informação não pode ser ignorada.

Segmento 4: O último relato a ser apresentado é de uma criança CODA (*children of deaf adults* – filhos ouvintes de adultos surdos), de 1 ano e 8 meses, e que não fala, mas usa Libras. A preocupação da família se deve ao fato de ele ter pouca experiência com pessoas ouvintes e, por isso, demorar para adquirir a linguagem oral. Recentemente foi matriculado

em uma escola regular, e a avó materna (A) começou a dedicar suas manhãs para interagir com o neto e ofertar a vivência com a língua oral.
F: Ele realizou todos os exames auditivos?
A: Sim, fez tudo. E orientaram a gente a escolher uma língua, ou o português ou a Libras, porque as duas ele não ia conseguir aprender.

Novamente estamos diante do entendimento da LS usada pelo surdo como língua menor e desprovida de valor e, ao mesmo tempo, a desconsideração sobre a riqueza linguística que é ser "bilíngue" no sentido mesmo de ter duas línguas.

Ao informar que a família deveria optar por uma língua em detrimento a uma condição bilíngue, Libras/português, o fonoaudiólogo pediu que a família escolhesse quais deveriam ser os interlocutores da criança. A incoerência dessa fala traz à tona a perspectiva de que a Libras impede a aquisição da língua oral, ideia tão disseminada na área sem ao menos sofrer questionamento ou, minimamente, uma reflexão. Além de ignorar o fato de que, ao negar a língua dos pais para essa criança, está-se negando que estes interajam e estabeleçam verdadeiras conexões.

O bilinguismo do surdo ainda traz dúvidas e incertezas, apesar dos avanços políticos e educacionais conquistados pela comunidade surda.[3] É notório que a aquisição de duas línguas que se propagam de maneira distinta preocupa os pais, educadores, fonoaudiólogos e demais profissionais que assistem a família da criança surda. Tal conflito é gerado pela perspectiva de que a aquisição/interação com uma língua venha atrapalhar o processo de aquisição da outra. Ressalta-se que esse conflito é gerado, principalmente, pelo fato de a LS, uma língua gestual-visual, se apresentar como uma possibilidade dessa condição bilíngue para o surdo, ao contrário do que acontece com relação à aquisição de duas ou mais línguas orais, o que é valorizado. Conforme Faria (2011: 235), essa discussão sobre bilinguismo aponta para uma outra questão, "os enfrentamentos entre línguas majoritárias e minoritárias", ou seja, o português é a língua oficial e majoritária, e a Libras, a língua minoritária. Esse bilinguismo também implica afirmar, de acordo com a autora, que o surdo acessa a escrita do português sem necessariamente passar pelo oral.

O percurso para a criança surda atingir o *status* de bilíngue e, de fato, dominar a língua oral/escrita e a LS é árduo e longo, pois durante essa trajetória muitos desafios são lançados e inúmeras barreiras precisam ser derrubadas. Tais constatações se transformam em entraves que fazem com que muitas famílias desistam, o que, consequentemente, poderá levar o sujeito surdo a não usar a(s) língua(s) de forma efetiva. Entende-se, contudo, que a criança surda, convivendo em diferentes contextos, também constrói diferentes recursos linguísticos que lhe permitam adequar-se aos diferentes interlocutores e situações linguísticas e culturais, o que implica na não limitação da criança a uma única modalidade linguística em um mundo vasto e caracterizado pelas múltiplas linguagens e pelos múltiplos modos de ser e estar nele.

Como dito anteriormente, a linguagem compreendida aqui é elemento que precisa ser vivenciado para ser adquirido; contudo, essa vivência não pode se dar pela apresentação da língua por meio de memorização ou repetição de palavras/sinais isolados, mas pela interação com o outro e com a língua. O(s) interlocutor(es) irá(ão) utilizar a(s) língua(s) e significá-la(s) para a criança, envolvendo-a no processo dialógico constituído, sendo por essa interação que se dará a aquisição da linguagem.

Ainda há entendimento, na clínica fonoaudiológica em geral, de que a relação entre a criança e seu interlocutor é uma relação de exposição e apreensão, como se a aquisição da linguagem dependesse de sua percepção. Desta feita, o funcionamento da linguagem é ignorado, e o perceptual é fator primordial para que ela obtenha êxito nesse processo. Sobre esse raciocínio, Andrade (2006) afirma que a criança é exposta a um determinado estímulo, ao qual ela deve produzir uma resposta (esperada), e quando esta se apresenta "desviante" diante do estímulo, lhe é atribuída a responsabilidade devido a um desvio perceptual. Há o que se questionar desse pensamento, pois é necessário que se veja, mesmo para a criança surda (a palavra "mesmo" aqui carregando em si toda a bagagem do preconceito pela deficiência que faz com que as pessoas se relacionem com esta criança), a aquisição de linguagem como "subjetivação" (De Lemos, 2006), uma vez que a criança está em interação com diferentes interlocutores que a interpretarão e contribuirão para sua existência na língua. Dito isso, levanta-se uma pergunta: conseguem os pais de crianças surdas, como interlocutores privilegiados, conferir lugar de "falante" para a criança que não escuta? Qual a influência do olhar do fonoaudiólogo que considera para a existência do sujeito falante apenas a oralidade?

A clínica de linguagem aparece nesse cenário "caótico" como apaziguador das tantas questões que são lançadas à família, do diagnóstico e da imposição de uma língua. A fonoaudiologia bilíngue acolhe a família da criança surda para minimizar não a surdez, mas os efeitos dessas falas que atravessam o direcionamento educacional, linguístico, social e emocional. Muito além da orientação, o trabalho a ser realizado compreende uma mudança radical na forma como o sujeito Surdo é visto e compreendido, na perspectiva teórica e no entendimento linguístico (que inclui a aquisição). Tomar a Libras como possibilidade constitutiva e transformadora é assumir o seu real papel na vida desse sujeito, bem como compreender que sua condição auditiva diz sobre a sua maneira de vivenciar as experiências linguísticas, sociais e educacionais, e não sobre o que ele é ou possa ser.

Nesses comentários finais, cabe a reflexão de que, muitas vezes, o fonoaudiólogo que atua com surdo tem seu trabalho balizado pelo "sucesso ou insucesso" em fazer esse sujeito oralizar. Assumir a Libras como primeira língua de aquisição do surdo também traz consequências. Muitas vezes, parece um trabalho solitário, que exige o enfrentamento a tantos profissionais (médicos, audiologistas, educadores etc.) que negam à pessoa surda e à sua família o direito ao bilinguismo; o enfrentamento à falta de compromisso político em fazer cumprir as Leis que garantem os direitos da comunidade surda (intérprete em sala de aula, por exemplo); e à maneira pela qual a sociedade enxerga as minorias e não respeita suas especificidades.

As mudanças são necessárias e o comprometimento com o sujeito surdo e sua família precisa ser fortalecido. O fonoaudiólogo se depara não somente com as questões da linguagem nesta clínica, mas com o acolhimento, proteção e luta para que o surdo seja respeitado e tenha garantido o seu direito de se constituir como sujeito de linguagem.

Notas

[1] Na construção dos sentidos pretendidos no texto, faz-se necessário que se utilize a palavra "Surdo" com "S" maiúsculo, pois, de acordo com Moura (2000) e Padden e Humphries (1988), o uso do S maiúsculo especifica a diferença cultural e identitária, e não a questão audiológica.

[2] Lacerda (1996) sugere os seguintes parâmetros para serem usados na transcrição da Libras: gestos ou comportamento dos interlocutores devem ser colocados entre parênteses; os sinais da Libras, entre barras e em caixa alta; a fala, entre aspas e em itálico; palavras escritas, em caixa alta e negrito.

[3] Destacamos os ganhos legais através da Lei de Libras (Lei Federal n° 10.436/2002) e o Decreto 5.626/2005. Em 2021, a Lei 14.191 modifica a Lei de Diretrizes e Bases da Educação Nacional (LDB) para estabelecer como educação bilíngue aquela em que a Libras é considerada primeira língua, e o português escrito como segunda língua (L2). Com a mudança, o ensino da Libras será ofertado como língua de instrução (Libras/L1).

Referências

ANDRADE, L. "Captação" ou "captura" – considerações sobre a relação do sujeito à fala. In: LIER-DE VITTO, M. F.; ARANTES, L. *Aquisição, patologias e clínica de linguagem*. São Paulo: Educ, 2006, pp. 201-18.

BIZIO, L. Considerações sobre o ensino de língua portuguesa para surdos. São Paulo, 2008. 103 f. Dissertação (Mestrado em Linguística) – Pontifícia Universidade Católica de São Paulo.

BOUVET, D. *The Path to Learning:* Toward Bilingual Education for Deaf Children. Clevedon, England: Multilingual Matters LTD, 1990.

DE LEMOS, C. T. G. Uma crítica (radical) à noção de desenvolvimento na aquisição da linguagem. In: LIER-DE VITTO, M. F.; Arantes, L. *Aquisição, patologias e clínica de linguagem*. São Paulo: Educ, 2006, pp. 21-32.

FARIA, N. R. B. Forma e substância na linguagem: reflexões sobre o bilinguismo do surdo. *Leitura*, 47, 2011, p. 233-54.

LACERDA, C. B. F. de. *Os processos dialógicos entre aluno surdo e educador ouvinte:* examinando a construção de conhecimento. Campinas, 1996. (Tese de Doutorado) – Unicamp.

LIER-DE VITTO, M. F.; CARVALHO, G. M. de. O interacionismo: uma teorização sobre a aquisição da linguagem. In: QUADROS, R. M. de; FINGER, I. (Eds.). *Teorias de aquisição da linguagem*. Florianópolis: Editora da UFSC, 2008, pp. 115-46.

MADILLO-BERNARD, M. Réflexion autour du dépistage précoce de la surdité au regard de la théorie de l'attachement. *Dialogue*, 175(1), 2007, pp. 41-8.

QUADROS, R. M. de. *Língua de herança*: língua brasileira de sinais. Porto Alegre: Ed. Penso. 2017.

ROCHA, E. F. *Corpo com deficiência em busca de reabilitação?* A ótica das pessoas com deficiência física. São Paulo: Hucitec, 2019.

ATITUDES RELACIONADAS À SURDEZ E AO SURDO/DEFICIENTE AUDITIVO (DA)

Cecilia Moura
Alexandre Dantas Ohkawa

Identidade é um conceito amplo que abrange muitas definições. Aqui, esse conceito será relacionado a como o indivíduo se vê em diferentes lugares, de que forma ele se coloca no mundo e em que contextos ele se constrói como indivíduo com suas próprias definições (Ciampa, 1990).

A identidade é construída dentro de um contexto social que o molda desde antes do nascimento. O bebê que está sendo gerado já carrega no imaginário da família uma identidade pressuposta que será ou não confirmada, modificada e cristalizada no decorrer da vida do indivíduo (Moura, 2000). O que se encontra normalmente é uma reconstrução dessa identidade, num processo de metamorfose que se dá ao longo da vida de cada um (Ciampa, 1990).

Para a pessoa surda, esse processo pode se dar em ambientes muito distintos: dentro de uma comunidade ouvinte, dentro de uma comunidade Surda ou em ambas. Esses ambientes são frutos da cultura em que estão inseridos; mas, afinal, o que vem a ser a cultura?

A cultura é outro conceito que permite muitas formas de abordagem. A cultura define a forma pela qual o indivíduo classifica e atribui valores a tudo que o cerca, estabelecendo a forma pela qual o mundo será visto e vivenciado (Moura, 2000). Considerando-se a cultura como elemento envelopador do ser humano, é importante saber o que se entende por cultura Surda e seu papel na vida do surdo (Beltrame e Moura, 2015).

Em seu livro *As imagens do outro sobre a cultura surda*, a pesquisadora surda, Strobel (2008: 24), cita:

Cultura surda é o jeito de o sujeito surdo entender o mundo e de modificá-lo a fim de torná-lo acessível e habitável, ajustando-o com as suas percepções visuais, que contribuem para a definição das identidades surdas e das "almas" das comunidades surdas. Isto significa que abrange a língua, as ideias, as crenças, os costumes e os hábitos do povo surdo.

Assim como ocorre com as diferentes culturas, a cultura Surda é o padrão de comportamento compartilhado por sujeitos surdos na experiência trocada com os seus semelhantes, quer seja na escola, nas associações de Surdos ou em encontros informais. Isso origina a identificação de pertencer a um povo distinto, caracterizado por compartilhar língua de sinais, valores culturais, hábitos e modos de socialização, o que, conforme reflete Hall (2004), é a representação que atua simbolicamente para classificar o mundo e nossas relações no seu interior. Novamente descreve a pesquisadora Surda:

> As identidades surdas são construídas dentro das representações possíveis da cultura surda, elas moldam-se de acordo com a maior ou menor receptividade cultural assumida pelo sujeito. E dentro dessa receptividade cultural, também surge aquela luta política ou consciência oposicional pela qual o indivíduo representa a si mesmo, se defende da homogeneização, dos aspectos que o tornam corpo menos habitável, da sensação de invalidez, de inclusão entre os deficientes, de menos-valia social. (Strobel, 2008: 77-78)

Para compreender melhor, temos um exemplo que se pode comparar com a cultura Surda. Os autores Freeman, Carbin e Boese (1999) a colocam em posição similar à de outro grupo totalmente diferente na sociedade, o dos soldados. Eles têm uma perspectiva de vida, na sociedade, diferente da dos civis. Apreciam conversar sobre assuntos em comum como bombas, armas, paraquedismo etc. É obvio que, de diversas maneiras, eles são mais ou menos parte da cultura de seu país. Podem ter muito em comum com os soldados de outros países e juntos se sentirem mal compreendidos ou pouco apreciados pelos civis e, ao mesmo tempo, sentem orgulho na prática de atividades desconhecidas para muita gente.

Nessa linha de raciocínio, a pesquisadora Surda Perlin (2004) afirma que as atitudes fazem com que os surdos se identifiquem ao mundo visual próprio deles:

É o caso de ser surdo homem, de ser surdo mulher, deixando evidências de identidade, o predomínio da ordem, como por exemplo, o jeito de usar sinais, o jeito de ensinar e de transmitir cultura, a nostalgia por algo que é dos surdos, o carinho para com os achados surdos do passado, o jeito de discutir a política, a pedagogia etc. (2004: 77).

A partir desses conhecimentos, podemos refletir a respeito da necessidade de uma curadoria que tome como ponto de partida pessoas surdas que compartilham essa identidade e cultura, despertando "diásporas" surdas a partir de suas próprias identidades enquanto indivíduos surdos pertencentes à cultura surda. E é partindo também dessa ideia que este capítulo permeia o campo da escrita participativa ou colaborativa, uma vez que um dos autores é pessoa surda.

O ponto importante a considerar é o de que dentro da própria comunidade e cultura Surda surge também a questão de surdidade (*deafhood*), que podemos compreender de acordo com Eiji, que aponta:

> Entre militantes e teóricos dos estudos surdos, não raro ouve-se falar – e vê-se sinalizar – o termo *Deafhood*.[1] Promovida por Paddy Ladd, investigador britânico Surdo ligado à Universidade de Bristol, a palavra indica o processo de reconhecer-se e afirmar-se Surdo, em resistência às práticas e aos discursos colonizadores ouvintes (audismo/ouvintismo). Em alternativa a *deafness* (surdez), a palavra busca ressignificar e positivar a experiência Surda como forma possível de se estar no mundo, de ser Surdo (e "estar sendo Surdo"), distante de ideários biomédicos (patológicos) e caritativos. Atrelada à concepção socioantropológica da surdez, o *deafhood* ressalta a "vulnerabilidade como força" – "*vulnerability as strength*" (Ladd, 2005) – marcando uma série de esforços necessários para se confrontar a hegemonia oralista/audista ainda vigente. Nesse movimento ativo de desvelar e desnaturalizar as interferências do audismo no cotidiano, de fazer-se (e "ser") Surdo, sublinha-se o termo como ação, como palavra-em-processo, como ato contínuo de descoberta e pertencimento – força motriz das militâncias surdas. (Eiji, 2012: n. p.)

Mas, afinal, a que se refere o conceito de comunidade? Ele não se refere apenas a um agrupamento de pessoas, mas a um conjunto de indivíduos que estabelecem o que os define, as normas de funcionamento e os critérios de inclusão e exclusão (Moura, 2000). O *Dicionário Michaelis* (2023) define comunidade como um grupo de indivíduos ligados por interesses comuns (culturais, econômicos, políticos, religiosos etc.) que se associam com frequência ou vivem em conjunto.

Se pensarmos sob uma perspectiva atual pode-se conceituar a comunidade como a construção de espaços de pertencimentos e afinidades onde a tendência é tornar comunicação e relacionamento mais humanizados através de convivência e interações que promovam trocas de informações e opiniões.

A sociedade em que se vive atualmente e que estabelece formas de funcionamento das diferentes comunidades que a constituem, em si, ainda não é inclusiva e democrática. Isso se dá por conta da estrutura capacitista, estigmatizante e assistencialista em que se baseia, que não consegue enxergar a essência e as potências da representatividade dos sujeitos – dentre os quais está o indivíduo surdo – que se afastam do modelo irreal construído por ela (Goffman, 1988).

Mas, independentemente do que a sociedade estabelece, aqueles que não são contemplados pelas normas sociais se unem e configuram formas diferentes de grupos sociais, que no caso dos surdos é chamada de comunidade Surda.

Um exemplo relevante que pode ser citado é o de que a comunidade Surda, por questão de identidade cultural e representatividade, acompanha líderes e educadores Surdos que divulgam as atividades culturais e exposições nas redes sociais e outros meios. Nessa junção com os que lideram, a comunidade se fortalece e estabelece normas, levanta reivindicações e cada vez mais se constitui como um grupo de direito que clama pelos seus direitos.

A identificação com a comunidade Surda é uma escolha pessoal da pessoa surda e geralmente é feita independente do grau da surdez do indivíduo, o que quer dizer que a comunidade não é composta somente por pessoas Surdas, mas há uma diversidade de identidades Surdas e não surdas dentro desta comunidade, cada uma com suas características específicas.

Assim, a comunidade Surda é composta por: Surdos sinalizantes, oralizados, usuários de aparelhos auditivos e de implantes cocleares. Ela pode incluir também membros da família de Surdos, intérpretes de língua de sinais, profissionais da área da saúde e da educação, pessoas que tenham conhecimento da língua de sinais e que trabalham ou socializam com pessoas surdas, que se identificam com a cultura Surda (Padden e Humphries, 1988).

Em relação à importância da Libras, Fernandes (1990) declara que é fundamental o acesso à língua de sinais o mais precocemente possível, pois a dificuldade do surdo em adquirir linguagem oral nos primeiros anos traz consequências para o seu desenvolvimento mental, emocional e sua integração social. Poker (2002), em seus estudos, constatou que o problema da surdez não se localiza no retardo da linguagem oral em si, mas no que essa privação linguística provoca, impedindo o sujeito de se expressar, de explicar, de compreender diferentes situações ocorridas no ambiente ao seu redor, ocasionando a deficiência da experiência no âmbito da representação simbólica, da ação mental. De acordo com Poker, para enfrentar esta situação, é fundamental oferecer para o indivíduo Surdo um instrumento simbólico o mais precocemente possível, para que sejam propiciadas as trocas simbólicas entre o sujeito e os outros. Só assim a surdez pode deixar de prejudicar as funções cognitivas do Surdo.

Assim, apesar do indivíduo Surdo ter possibilidade de compreender e de aplicar os seus princípios lógicos como o sujeito ouvinte, muitas vezes não o faz, porque, na ausência da linguagem, não consegue desenvolver sozinho ou espontaneamente esta capacidade. Para tanto, precisa aprender de forma deliberada uma língua, para estabelecer tais trocas. Diante disso, torna-se imprescindível um ambiente adequado, rico em solicitações, capaz de favorecer e propiciar as trocas simbólicas entre o sujeito e o meio físico e social a que pertence. A escola pode e deve constituir-se nesse lugar, constituindo-se em um espaço privilegiado para o surdo desenvolver-se. (Poker, 2002).

A língua de sinais permite que as pessoas surdas adquiram linguagem. No contexto da pessoa Surda sinalizante, ajuda a desenvolver a identidade e a liberdade para se comunicarem sem ficar engessadas ao regime da oralidade.

Outro aspecto a ser lembrado é que a Libras é uma língua visual que possibilita uma relação fluida de comunicação entre Surdos e ouvintes que a dominam e que traz uma sensação de conforto e pertencimento, além de legitimar o próprio sujeito na sua condição única de ser Surdo e caracterizar uma comunidade (Moura, 2018).

Com relação à sociedade, percebe-se, de uma forma geral, que ela provoca desigualdade ao não aceitar a diferença e a convivência com formas diferentes de ser e de se perceber. Seria de grande importância que a sociedade aceitasse a forma dos Surdos sinalizantes organizarem sua comunidade e tivesse escuta para as necessidades dessa parcela da população, ajudando-os a serem visíveis e terem seu lugar na sociedade.

CONSTITUIÇÃO DE UM INDIVÍDUO SURDO

Para melhor compreender o processo e as relações entre os aspectos aqui levantados, veremos agora o depoimento de um dos autores, que é Surdo. Esse relato será feito na primeira pessoa.

> "Lembro da minha infância quando pequeno, eu tinha um ano e meio, tenho uma memória fotográfica muito boa em episódios marcantes. Eu não percebia que eu era diferente quando criança. Frequentei uma nova escola (que não era inclusiva, mas experimentava a presença de uma pessoa surda que falava). Neste período, sentia que meus colegas brincavam comigo de forma diferente. Mais tarde, em outra escola, conheci três pessoas surdas. E me identifiquei de imediato com eles, pois falavam como eu oralmente e também sinalizaram um pouquinho. Em outra escola, os professores e a diretora me repreendiam, eu sofria bullying, os colegas jogavam a culpa em mim, toda hora a diretora me colocava de castigo. Mas eu não fazia nada, apenas me defendia. Sempre fui desacreditado. E daí pedi para meus pais me mudarem de escola. E, de repente, na quinta série regular comecei a ir muito mal nas provas. Pois eu não entendia o que era prova. Achava que era trabalho individual na sala de aula. E daí a diretora me transferiu para 'módulo 1', ou seja, para alunos com dificuldades. E sempre tirava dez. Percebi depois o que era prova. Como eu já tinha estudado, ajudei meus colegas na questão de raciocínio. Foi nesta turma que conheci uma pessoa surda que se comunicava em Libras, que é amigo meu até hoje. Ele me levou para conhecer mais duas pessoas surdas que falavam em Libras.
>
> Foi a partir desse momento que conheci o universo da Libras, escolas de Surdos, associações e eventos da comunidade Surda. Nesta época, comentei com meus pais, e eles já conheciam. Eu é que não sabia.

Meus pais achavam que um dia eu iria conhecer alguém como eu, mas eles escolheram que eu valorizasse a língua portuguesa na fala e na escrita. E meu pai continuou a me ajudar em algumas tarefas, desenhando o conceito através de imagens. Claro que, quando eu fazia fono, havia pessoas surdas, mas eles eram pessoas surdas oralizadas como eu. Então ninguém falava em Libras. Por isso, eu não sabia que existiam pessoas surdas sinalizantes, ou seja, fui privado da língua de sinais pela decisão médica da fonoaudióloga e dos meus pais, que concluíram que para o meu melhor desenvolvimento era necessária unicamente a oralização. Mas foi através do Colégio Essência que conheci a língua de sinais, através desses três amigos sinalizantes que me apresentaram então o universo da Libras. Me identifiquei de imediato e entendi que esse era o meu pertencimento social. Desde criança até o terceiro colegial não tive amigos ouvintes para sair, viajar e fazer atividades sociais. Isso aconteceu somente com pessoas surdas sinalizantes, pois eles são muito unidos como comunidade, uma espécie de porto seguro.

A faculdade de Arquitetura foi muito desafiante para mim, porque, infelizmente, não existia acessibilidade. Eu nunca participei de congressos e palestras que a faculdade promovia, pois tinha medo de perder aulas e ficar com faltas. Mas o que eu não sabia era que fazia parte da atividade extracurricular. Foi falta de clareza de informação. Resolvi fazer tudo sozinho, mas meu finado pai continuava me ajudando na questão de interpretar algumas informações em determinados assuntos.

Eu continuei fazendo fono até o meu segundo ano da faculdade. Na fono tinha aulas de redação. A clínica de fonoaudiologia me ajudou muito na questão da estrutura gramatical da língua portuguesa, leitura e literatura para aprender a interpretar assuntos que na escola não eram ensinados com clareza ou simplesmente os professores não tinham paciência comigo (talvez pelo simples fato de a metodologia ser para pessoas ouvintes, excluindo as especificidades). E eu precisava sempre de aulas de reforço. Resumindo: se houvesse Libras desde a escola e faculdade, mesmo eu sendo pessoa oralizada e usuária de implante coclear, eu teria tido mais facilidade.

Um exemplo importantíssimo: as salas de aulas não eram arquitetonicamente preparadas para receber uma pessoa Surda. Quando os colegas faziam comentários e opiniões sobre uma matéria atrás de mim, eu não conseguia acompanhar todos ao mesmo tempo, pois sempre sentei na primeira fila e na frente do professor para fazer leitura labial. Se houvesse intérprete de libras, me ajudaria muito a traduzir todas as informações em uma sala de aula, porque era mais fácil 'escutar' as mãos. Se a sala de aula fosse circular seria mais fácil ainda e eu não perderia informações para fazer leitura labial de todos.

A partir do momento em que fui me constituindo como sujeito, posso identificar três importantes momentos, não necessariamente nessa ordem: **o primeiro** foi a minha aceitação como pessoa surda. **O segundo**, minha educação e suas estratégias. **O terceiro** foi a Libras, que foi extremamente importante para mim. Sem ela, eu teria muita dificuldade na compreensão e interpretação da língua portuguesa e na minha constituição como indivíduo Surdo.

Retomando, na minha experiência e perspectiva, a minha educação se deu pelas etapas de: oralidade, escrita e sinalização.

Exemplifico aqui algumas estratégias que foram utilizadas, como desenhar e inserir imagens para entender o significado do contexto da frase. Um exemplo clássico: a imagem e a escrita; 'O menino está nadando na água' (não entendia o sentido, 'estar' – verbo e ação, 'nadar' e 'água'). Aí comecei a entender e associar a imagem que 'a água' pode ser mar, rio, piscina e lagoa (pois no primeiro momento achei que era água de beber). Assim, todas essas informações fizeram com que o significado explícito e implícito da linguagem fosse interiorizado e a aprendizagem acontecesse. A chave aí foi o uso de imagens (visualidade).

Essa é uma das estratégias e metodologia adotadas para minha educação. Ela foi muito importante para evitar atrasos e levar à compreensão rápida no mesmo nível de pessoas não surdas. São ferramentas e instrumentos que ajudam na compreensão e na memorização.

Outro aspecto muito importante foi a minha perspectiva artística. Através do meu projeto de pesquisa artístico, o 'Se piscar já era', propus criar e despertar o movimento do corpo do sujeito surdo por estratégias não audíveis, ou seja, não usar referência sonora. Pude decifrar o ponto relevante da questão da ausência dos sons. Ou seja, o detalhe específico é *Como o movimento do corpo é possível se não há som? De onde vem o ritmo para criar o movimento?* É um detalhe da percepção para a compreensão de que, apesar da ausência da audição, pode-se criar e desenvolver uma *linguagem própria* sem ser definida pela norma da sociedade.

Então, a partir do momento que o sujeito decifra o movimento diferente que é fora da 'norma', uma nova linguagem surge, influenciada pela percepção visual do mundo. Isso possibilita o despertar do indivíduo Surdo de acreditar na própria potencialidade e competências. Assim, é possível construir a sua própria essência do Ser sem que seja imposta pela normatização de pessoas ouvintes em relação às pessoas surdas. Isso acontece por existirem características diferentes que fazem parte da existência do sujeito, ou seja, mostram que não necessariamente deve depender de sons para se ter sobrevida.

Ao observar que nossas percepções e movimentos corporais são influenciados pela sociedade como um todo, comecei a pensar e observar isto nos movimentos das crianças, que são incorporados conforme o padrão da sociedade. Observei, ainda, crianças indígenas em suas aldeias e crianças negras em quilombos que se desenvolvem naturalmente, de maneira diferente das crianças criadas sob regras e padrões sociais nas cidades. Isso demonstra o quanto as normas definem a forma de aprender e estar na sociedade.

A partir das minhas observações, as seguintes questões no campo artístico aparecem como necessárias para serem elucidadas: como os movimentos das pessoas surdas foram criados e se desenvolveram a partir da ausência dos sons? Como se dá essa incorporação de movimentos para os surdos?

Em relação às pessoas surdas, devido à ausência dos sons, é preciso pensar sobre como elas se movimentam, como dançam, como expressam a arte: se este movimento corporal artístico se dá por meio da vibração sonora e ritmos que reverberam pelo ar, pelos objetos, pelo espaço físico, pelas paredes, ou se são movimentos que se dão simplesmente pela educação imposta pelos ouvintes que ditam regras e percepções.

O ritmo está em todas as ações da natureza e do ser humano; o ouvinte consegue percebê-lo através da sua **acuidade auditiva**, mas e o surdo? O surdo, quando dança, conta, muitas vezes, apenas com seu próprio ritmo, exteriorizando através de seu corpo. Através desse ritmo corporal, podemos compreender como essa linguagem mostra um mundo diferente, ou 'desconhecido e valioso' (Fux, 1988).

Pode-se observar que muitas pessoas surdas não tiveram oportunidade de criar e explorar suas próprias linguagens de movimentos e ritmos, pois é entendido que a sociedade possui uma estética que é padronizada e normatizada. Evidentemente, pessoas surdas estão praticamente mecanizadas e incorporadas à cultura, sistemas e olhares de ouvintes.

Deste modo, deve-se levantar o questionamento sobre qual é o lugar de fala e do corpo de pessoas surdas que não ouvem. Tenta-se na sociedade atual 'consertar' os corpos de fala e movimentos de pessoas surdas para se 'adequarem' ao padrão da sociedade ouvinte, ignorando por completo a identidade artística surda, por exemplo.

Observa-se que, atualmente, as comunidades negras e indígenas estão resgatando as suas diásporas, identidades e lugares de escuta e de fala; porém, para a comunidade surda isso ainda acontece de maneira bem morosa e gradativa.

Pode-se notar que, no campo artístico, tudo é referência ao universo de ouvintes, regras humanas da audição, e sem nenhuma referência à cultura surda. A gravidade ainda é maior quando se visualiza que poucos sujeitos surdos possuem senso crítico em relação ao movimento, pinturas, danças e artes em geral, estando, portanto, sempre baseados em olhares do senso crítico de ouvintes, que simplesmente imitam, copiam e incorporam. Urge refletir sobre a presença-ausência do surdo enquanto crítico e questionador dos movimentos e modelos impostos atualmente pela sociedade. De fato, os surdos são e estão automaticamente submissos ao movimento e ritmos dos ouvintes.

Por isso, propomos a reflexão sobre o movimento dos corpos no 'silêncio' em que o sujeito surdo está imerso: se não há som, não há movimento? 'Para quem não ouve, o silêncio não é tão dramático como para a nossa imaginação. É apenas o cotidiano. O que é inimaginável é a existência do som' (Fux, 1988: 12).

Então, deve-se pensar e observar o movimento criado a partir do silêncio e sua relação com o **visual**. A dança, a pintura e as artes surdas surgem na ausência de sons, de uma vivência no universo do silêncio que chega a influenciar todas as esferas profissionais e pessoais.

Aprendi o que é debate e a participar de rodas de conversas no Museu de Arte Moderna (MAM) e no Itaú Cultural, pois tinha acessibilidade de Libras. Foi a partir daí que entendi a importância disto e foi somente após a faculdade que começaram a implementar a Libras, em 2002. Eu me formei em 2001, com a média das notas em 7,0 (não existia acessibilidade em Libras).

Fiz duas especializações, a primeira na Universidade de Presbiteriana Mackenzie (2013) e a segunda no Instituto Singularidades – Itaú Cultural (2019). Foi um período superimportante para a minha educação, pois tive acessibilidade de Libras nas salas de aulas.

Esse relato demonstra que um Surdo oralizado consegue aprender com apoio fonoaudiológico e familiar, mas mostra que muitas incógnitas ficam armazenadas. Para alguns, elas podem ser recuperadas e servir de arcabouço para a construção de novos conhecimentos, mas, para outros, isso pode não vir a acontecer.

Alguns aspectos valem a pena serem sublinhados. A falta de cultura inclusiva na sociedade foi um fator de extrema relevância. A sociedade é muito capacitista, discriminatória e assistencialista, uma estrutura e visão colonialista e elitizada. Por causa disto, não havia uma metodologia e ferramentas de perspectiva surda. Fui educado com a metodologia de perspectiva ouvinte e me senti prejudicado na educação e na minha compreensão do mundo."

Neste capítulo, pôde-se ver que as atitudes relacionadas à surdez e ao Surdo/DA podem ter consequências importantes e deletérias para o desenvolvimento desses indivíduos.

Os estudos atuais mostram a importância que se deve dar no campo da saúde e da educação para a construção de uma identidade que seja constituída pela presença e não pela falta, o que foi amplamente demonstrado no depoimento de Alexandre, coautor deste capítulo.

Outros aspectos de grande importância foram trazidos à tona, como cultura e comunidade Surdas. Não são conceitos fáceis de serem compreendidos, mas devem ser repensados por todos que se debruçam na questão do Surdo e sua constituição como sujeito.

A Libras serviu de pano de fundo e de roupagem para todos esses aspectos, e pode-se verificar a sua importância para a construção da subjetividade do Surdo.

Educadores e trabalhadores da área da saúde devem estar atentos aos aspectos salientados aqui. A mudança possível está na possibilidade de cada um se rever enquanto profissional e refazer o seu fazer. Essa é uma responsabilidade da sociedade e de cada um de nós.

Nota

[1] O termo, na língua inglesa, é formado pelo uso do sufixo -*hood*, que indica condição, estado ou grupo de pessoas/coisas a partilharem a mesma condição/estado – por exemplo, em *brotherhood* (irmandade), *fatherhood* (paternidade), *priesthood* (comunidade de clérigos) etc. *Deafhood*, por isso, pode ser traduzido como "surdidade" ou, como preferem alguns, "ser Surdo".

Referências

BELTRAME, C. M.; MOURA, M. C. de. A educação do surdo no processo de inclusão no Brasil nos últimos 50 anos (1961-2011). *REB: Revista Eletrônica de Biologia*, 2015, v. 8, pp. 146-61.
CIAMPA, A. C. A *Estória do Severino e a história da Severina*. São Paulo: Editora Brasiliense, 1990.
FERNANDES, E. *Problemas linguísticos e cognitivos do surdo*. Rio de Janeiro: Agir, 1990.
FREEMAN, R. D.; CARBIN, C. F.; BOESE, R. J. *Seu filho não escuta?* Um guia para todos que lidam com crianças surdas. Brasília: Gráfica Valci Editora, 1999.
FUX, M. *Dançaterapia*. Trad. Beatriz A. Cannabrava. São Paulo: Summus, 1988.
GOFFFMAN, E. *Estigma*: motas sobre a manipulação da identidade deteriorada. Rio de Janeiro: Guanabara, 1988.
HALL, S. *A identidade cultural na pós-modernidade*. Rio de Janeiro: DP&A, 2004.
EIJI, H. 2012. Deafhood. Disponível em: <https://culturasurda.net/deafhood/>. Acesso em: 02 ago. 2023.
LADD, P. Deafhood: A concept stressing possibilities, not deficits. *Scandinavian Journal of Public Health*, [s.l.], n. 33, 2005, pp. 12-17.
MOURA, M. C. *Surdo*: caminhos para uma nova identidade. Rio de Janeiro: Revinter; 2000.
MOURA, M.C. Libras e fonoaudiologia: territórios a serem compartilhados. In: ARAÚJO, A. N. et al. *Questões contemporâneas da clínica fonoaudiológica*. São José dos Campos: Editora Pulso, 2018, pp. 215-25.
PADDEN, C.; HUMPHRIES, T. *Deaf in America*. Massachusetts: Harvard University Press, 1988.
PERLIN, G. O lugar da cultura surda. In: THOMA, A. da S.; LOPES, M. C. (Orgs.). *A invenção da surdez*: cultura, alteridade, identidade e diferença no campo da educação. Santa Cruz do Sul: Edunisc, 2004.
POKER, R. B. *Troca simbólica e desenvolvimento cognitivo em crianças surdas*: uma proposta de intervenção educacional. Marília, 2002. (Tese de doutorado) – Unesp.
STROBEL, K. *As imagens do outro sobre a cultura surda*. Florianópolis: Editora da UFSC, 2008.

APRENDENDO COM A EXPERIÊNCIA DAS FAMÍLIAS

Cecilia Moura
Desirée De Vit Begrow

A partir do diagnóstico de uma perda auditiva em qualquer momento da vida de uma criança, a família é imediatamente acionada como agente fundamental nos encaminhamentos feitos pelos profissionais de saúde. Há urgência, afinal, a criança apresenta uma questão que a torna fragilizada nesse mundo ouvinte em que os padrões de normalidade se vinculam à oralidade e à audição. Desta forma, os primeiros passos se dão logo a partir da Triagem Auditiva Neonatal (TAN). Isso pode representar um grande peso para a família.

É certo que cada família encontra uma forma de sobreviver a essa inesperada notícia que precisa ser atentamente escutada, pois é dela que emergem a existência e sobrevivência da criança como sujeito linguístico de modalidade, muitas vezes, diversa da dos outros familiares. Não existe uma família ideal, tampouco uma família imperfeita. É necessário que se respeitem suas dores e sofrimentos, suas características e possibilidades.

Partindo desse princípio, cabe-nos o convite à reflexão sobre a família da criança surda com suas negações, medos, ansiedades e evitações. Sentimentos estes carregados de sentido e que, de uma forma geral, afetam a relação que se estabelece com o filho surdo. Bianchetti (2002) ilustra essa questão afirmando que as relações humanas "são prenhes de história", e são essas que dão lugar e constituem as possibilidades de existência aos sujeitos.

Para entendermos melhor essa relação tão delicada, é necessário que nos atentemos às histórias que as famílias têm para compartilhar.

Solicitamos a quatro diferentes mulheres, com histórias diversas e vivências singulares, que apresentassem suas experiências a partir do nascimento da criança surda. Com elas, pudemos refletir sobre a construção do corpo com deficiência numa sociedade que fragiliza e segrega a diversidade (Rocha, 2019).

COM A PALAVRA, AS FAMÍLIAS

Depoimento 1 – Carla, mãe de Elena[1]

"O processo da descoberta da surdez da Elena foi longo e cansativo. Saímos da maternidade com o teste da orelhinha com resultado positivo,[2] então, quando comecei a desconfiar que a Elena era surda, os profissionais (médico, Terapeutas Ocupacionais (TOs), entre outros que passamos) descartavam essa possibilidade pelo resultado do teste. O laudo veio quando a Elena tinha 1 ano e meio.

O dia do resultado do exame foi muito ruim, e pensar nisso é muito louco porque lutei durante meses pelo diagnóstico, mas quando o resultado chegou parecia que tinham me tirado o chão. Meu corpo inteiro doía como se eu tivesse feito exercícios físicos por horas. Cada músculo doía. Lembro que fiz o trajeto da capital para o interior em uma hora e meia, mas não consigo lembrar nem do caminho que fizemos. Estávamos eu, a Elena e uma tia. Num silêncio que me doía mais que meu corpo. Ficava pensando que essa era a vida da Elena, aquele silêncio.

Me passavam pela cabeça todas as conversas que tive com ela, desde a gestação até aquele momento. Pensava só que tudo até aquele momento tinha sido em vão. Um ano e meio sem ter tido uma conversa com a minha filha. Aquele momento foi desesperador.

Assim que cheguei em casa, conversei com meu marido e decidimos que o primeiro passo seria aprendermos Libras, pois não dava mais para esperar (ou perder) momentos de comunicação efetiva.

Começamos então a seguir dois caminhos: do aprendizado de Libras, da cultura e da identidade Surda e também do implante coclear (IC). Éramos criticados nos dois ambientes. Em um, diziam que não respeitávamos a identidade surda da Elena; no outro, diziam que, aprendendo Libras, ela ficaria preguiçosa e não quereria ouvir ou oralizar.

No processo do IC, nos sentimos encurralados. Não tínhamos tempo para decidir com calma. Ouvíamos sempre que o implante tem melhor resultado se feito até os 2 anos, e a Elena só tinha mais 6 meses. Nossas pesquisas e tentativas de contatos com outros pais tinham que acontecer num curto prazo, e, enquanto isso, a Elena fazia os exames pré-operatórios. Vieram os resultados e soubemos que ela não era candidata ao IC. Nos sugeriram um implante de tronco encefálico (ABI), e aí nosso prazo estava mais curto, e as dúvidas e incertezas, bem maiores.

No hospital onde a Elena fez o acompanhamento, nos contaram sobre um médico turco que fazia essa cirurgia com resultados melhores que os daqui do Brasil. Pesquisei tudo, entrei em contato com ele, e, seis meses depois da primeira conversa, a Elena estava com 2 anos e 3 meses, e estávamos na Turquia para a cirurgia de ABI. Chegando lá, descobrimos que do lado esquerdo ela tinha um terço da cóclea, e ela fez a cirurgia de IC desse lado.

Os seis meses que antecederam a cirurgia foram bem intensos. Iniciamos uma campanha para arrecadar fundos para a cirurgia. A família inteira se envolveu, fazíamos diversos eventos. A cidade foi bem receptiva e a campanha tomou grandes proporções, recebemos ajuda de muita gente.

Tivemos muita sorte durante essa jornada porque encontramos pessoas maravilhosas que nos apoiaram e nos ajudaram a passar por todos os imprevistos e dificuldades. A fono bilíngue é a mais especial delas. A Elena começou a fazer as sessões de fonoaudiologia com ela quando tinha 1 ano e 10 meses, e estamos com ela desde então. Ela nos orienta, nos escuta, nos aconselha e nos deixa livres para nossas escolhas, sem julgamentos. Nos respeita, e sinto falta disso nos outros ambientes que a surdez nos apresentou. Sem a fono bilíngue, esse caminho seria mais árduo. Esse é um encontro que a surdez nos trouxe e ao qual sou imensamente grata.

Hoje a Elena está com 8 anos, há quase 6 implantada e há quase 7 utilizando a Libras. Com os implantes, ganhamos a alegria de ver a Elena reconhecer sons, e mais, reproduzir alguns deles. Ouvir um "mamãe" perfeito é uma sensação indescritível. Agora estamos vivendo a satisfação de ver que as frases estão aumentando. Começamos a ouvir apenas "fome", que evoluiu para "eu fome" e agora é "eu fome muita". Chorei de emoção. É muito investimento e trabalho coletivo para chegarmos aqui.

Com a Libras nos comunicamos plenamente, e não há nada mais gratificante do que encontrar com a Elena no final do dia e ela contar cada coisa que viveu. Rir e chorar com as experiências que ela vive e me traz. Constatar a cada dia o quanto ela é capaz e o quanto ela está pronta para as trocas. Olho para ela e só o que eu sinto é vontade de que as pessoas percebam a importância de valorizar o outro, de olhar para as diferenças com simpatia, empatia, e de entenderem que é nas diferenças que encontramos as melhores chances de aprendizado. A Elena me ensina todos os dias. Mas sei que nenhuma mudança na sociedade virá sem luta. Por ela, tenho força para fazer do mundo um lugar menos duro para ela viver."

Depoimento 2 – Ana Carolina, mãe da Helena

"Prematura extrema, Helena ficou 107 dias em uma UTI neonatal, tendo sérias intercorrências que lhe renderam a paralisia cerebral e, possivelmente, a surdez causada pelos antibióticos que usou. Ainda na UTI, quando recebemos o resultado negativo do teste da orelhinha, foi um condensado de tristeza, negação e suplício por um milagre, mas logo ele se tornou diminuto frente às questões vitais que ela enfrentava.

Logo após a sua alta, iniciamos acompanhamento com otorrino e com fono, que indicaram estímulos e aparelhos auditivos, porque havia visivelmente alguma resposta auditiva, apesar do teste negativo. Por volta dos 2 anos da Helena, essa resposta diminuiu consideravelmente, e recorremos ao implante coclear, o que parecia ser um milagre auditivo. Apesar da melhora da resposta auditiva após o implante, a fala não apareceu, e quando a Helena completou 5 anos fomos orientados a matriculá-la em uma escola bilíngue para surdos. Escolhemos uma das poucas escolas existentes, apesar de muitos nos falarem que a Libras a deixaria preguiçosa para oralizar, o que não aconteceu. A comunidade surda fez sentido para nós. Helena encontrou referências, começou a se comunicar melhor com a Libras e a oralizar mais.

Apesar dessa escola ser voltada às crianças surdas, a inclusão não ocorreu para a Helena, que não é apenas surda e não dominava a Libras como seus colegas. Mas nessa escola conhecemos famílias que compartilham as mesmas questões que nós e fizemos amizades. Por intermédio de uma dessas famílias, conhecemos a fono bilíngue, que passou a acompanhá-la e tornou-se a nossa referência nos aspectos fonoaudiológicos, educacionais e emocionais dela.

Helena estabeleceu forte vínculo afetivo com a fono bilíngue e anseia por seus encontros porque, além de lhe transmitir segurança, a sua comunicação e as suas emoções são acolhidas por ela. Frequentemente, ela envia mensagens para a fono como se falasse com uma grande amiga. Imagino que a Helena encontre nela a receptividade que não encontra facilmente em outras pessoas.

Lamentamos não termos introduzido Libras nas nossas vidas desde o primeiro instante do diagnóstico da surdez da Helena, porque o seu desenvolvimento poderia ter sido potencializado. Embora acreditemos na educação bilíngue para surdos, a experiência com a falta de inclusão da Helena na escola que frequentou foi traumática para toda nossa família e, sem dúvida, também prejudicou o processo do seu desenvolvimento. Passados três anos nessa escola, concluímos, às duras penas, que nossa filha estava distante de ser o que ela necessita, e a trocamos para uma escola de ensino regular com intérprete. Felizmente encontramos uma escola que prontamente disponibilizou intérprete, verdadeiramente incluiu a nossa filha em tudo o que necessita e a faz feliz, o que, finalmente, nos leva a crer em um futuro bom para ela.

A Helena é atendida por uma equipe multidisciplinar e, nesse caso, a interação dos profissionais é fundamental porque o compartilhamento de informações fortalece o trabalho individual e resulta em ganho de desenvolvimento adequado para ela. A escola participa frequentemente dessa interação, porque é no ambiente escolar que ela experiencia as principais relações sociais que a farão se posicionar no mundo e praticar o que a equipe trabalha nos consultórios. Se eu pudesse fazer sugestões aos profissionais que atendem uma criança surda, falaria para que sejam empáticos, acolhedores e que escutem as famílias. A esses profissionais, é com experiência e convicção que afirmo que oralizar não é o único caminho, e que a comunicação mais ampla deve acontecer desde o diagnóstico da surdez. Fico feliz com a alegria da Helena ao escutar, mas ainda mais por vê-la aliviada quando consegue se fazer ser entendida, independente do meio que utilize.

Eu não romantizo a surdez e procuro encarar a realidade de frente. A surdez é um enorme desafio, sobretudo quando a família toda é de ouvintes que não sabem e não se interessam por Libras, como a minha, que estabelece uma comunicação simplista com a Helena. Por isso, muito humildemente, com base na minha experiência, que é única e pode não haver identificação com ela, falo aos pais que receberam o diagnóstico há pouco tempo, especialmente aos ouvintes, que procurem meios de se comunicarem com seus filhos apesar da possibilidade do implante coclear, porque ele não é milagroso, não tem resultado instantâneo e, por vezes, a resposta não acontece. Aos pais surdos, também muito humildemente, digo que avaliem a possibilidade da realização do implante coclear, que, com a Libras, assegurará melhor inclusão dos seus filhos.

Nessa jornada, a empatia, a amizade e o altruísmo de pessoas maravilhosas que tivemos o privilégio de conhecer nos fazem saber que não estamos sozinhos na busca de uma vida autônoma, digna e respeitosa para nossos filhos. Nossas crianças são capazes e merecem pertencimento real na sociedade; portanto, não nos contentemos com o mínimo."

Depoimento 3 – Camila, mãe do Gustavo

"Receber um filho é sempre um momento de muita expectativa e emoção. Filho é aquele que vem para ser cuidado e amado. Sem chance de devolução. Ser apresentada a um filho com qualquer demanda especial é desafiador porque transcende o que já sabemos fazer ou o que nos preparamos para viver. Receber um filho surdo, enquanto mãe ouvinte, foi desestruturante em alguma medida. Primeiramente, a desconstrução do filho "perfeito" e o descortinar das nossas fraquezas humanas diante do desejo do filho planejado, e não do filho real. Secundariamente, mas quase que imediatamente em nosso caso, o enfrentamento da realidade e o despertar para um filho perfeito que apenas não nos escutaria, mas que poderia nos entender perfeitamente se conseguíssemos usar de uma mesma língua para nossa comunicação, a que seria a língua natural dele: a língua de sinais. O que nos diferencia e afasta? Não é nossa língua natural?

Diante deste entendimento e da certeza de ter um filho que precisa ser respeitado na sua individualidade, integralidade e peculiaridades para que todas as suas potencialidades possam ser aproveitadas e para que ele possa crescer livre e ser o que quiser ser, buscamos ferramentas para ofertar a ele uma língua própria para sua comunicação e embarcamos juntos para que, enquanto família, pudéssemos ser suporte e informação.

Projeto elaborado, providências objetivas tomadas, e, ainda assim, o enfrentamento das dificuldades práticas diárias, tornando tudo continuadamente difícil. A falta do domínio linguístico – fluência natural – nos limita e nos encolhe dia a dia diante dos nossos impulsos instintivos de ser "solução"; nos coloca de frente com a incapacidade de comunicação com nosso próprio filho e, por consequência, com a gigantesca limitação de não conseguirmos proporcionar a ele as infinitas informações que pais oferecem aos filhos a cada minuto de contato. E apenas vivendo o dia a dia desta situação é que entendemos o quanto esta limitação na comunicação é frustrante e impactante. As pequenas coisas tornam-se gigantescas. Antagonicamente aos gigantes que nos ameaçam e amedrontam, florescemos a cada dia em coragem revestida por novas ideias e novas perspectivas. Sem limites. Crescemos diariamente enquanto seres humanos e enquanto família. A mãe, no geral, traz consigo uma força inexplicável. E eu carrego a minha. Quando o pai e irmãos se juntam, multiplica-se tudo, e a família vira uma potência inabalável. E então, somos potência. Uma potência uníssona que multiplica e valoriza as potencialidades do nosso menino surdo e que aprende diariamente com ele. Acompanhar o seu desenvolvimento, vê-lo vencer dificuldades no expressar-se, observá-lo conquistando espaços de socialização e garantias na comunicação são alegrias que tangenciam os limites do infinito. Espectar seus aprendizados diários em casa e na escola é contagiar-se pela sua inteligência única e sagaz. Impressionar-se com sua observação dos detalhes é eterna renovação de esperanças. Desafios não vêm desacompanhados. Desafios vêm junto com coragem, determinação, conquistas e alegrias.

Para promover o entendimento da nossa criança surda sobre todas as coisas, facilitar a comunicação sobre as diversas ações do dia a dia e favorecer a atribuição de sentido aos próprios sinais da língua de sinais em processo de aquisição, adotamos estratégias diversas que abusam das imagens para muito aproveitar a condição de seres humanos absolutamente visuais que são os surdos. Com este propósito, montamos um álbum com todos os locais que frequentamos; da barraca de frutas da esquina até os locais de passeio e lazer ocasionais. Um outro álbum trouxe através de fotografias toda a história de vida da criança, iniciando pela mãe e pai solteiros em seus núcleos familiares específicos e traçando toda a trajetória central do relacionamento dos pais até o seu nascimento, fornecendo a ele algum entendimento sobre sua própria existência e seu vínculo com seus familiares. Placas contendo imagem, nome em língua portuguesa, datilologia e sinal em Libras foram espalhadas pela casa, nomeando todas as coisas e permitindo ampliação de vocabulário à medida que surgem os interesses por cada item. Estes materiais vão sendo ampliados e modificados acompanhando as demandas escolares e os conhecimentos já garantidos. Esquema ilustrado das atividades ao longo da semana com fotos e sinalizações para iniciar a noção sobre os dias que compõem uma semana e seu conceito. Companhia diária de uma pessoa surda para enriquecer comunicação, estimular aprendizado e apoiar as atividades escolares foi mais uma iniciativa e mostra-se absolutamente enriquecedora assim como necessária neste processo da criança reconhecer-se no outro e sentir-se pertencida. Convivência social com indivíduos surdos vem sendo estimulada, de forma ainda incipiente, a cada oportunidade de encontro recreativo ou celebração que tenham nosso filho como parte; nestas oportunidades, sinais individuais são fornecidos aos amigos e familiares, possibilitando uma maior integração dos ouvintes à nossa volta com a língua e cultura surdas, além de permitir ao nosso filho citar alguém quando desejado. Conviver mais com a comunidade surda é um objetivo em progressão. Oferecer ao nosso filho uma educação bilíngue de verdade é um propósito em construção. Possibilitar que ele frequente uma escola bilíngue (língua portuguesa + Libras) de qualidade é um sonho. Um sonho que me parece ainda utópico, mas que a gente segue tentando desenhar.

Apesar de embriagados pela superação inicial, a vida nos lembra diariamente que a acolhida da família núcleo não é tudo. O surdo vive em sociedade. A criança surda cresce e brinca em sociedade. E esta sociedade tem maioria ouvinte e quase tudo que existe em torno parece não lembrar da minoria surda. A segregação, o isolamento e a falta de oportunidades do aprendizado inicial ao mercado de trabalho preocupam afetiva, cultural e financeiramente. E não depende mais da mãe resistência e do pai incansável. Trata-se de uma barreira linguística que impõe perdas profundas e irreparáveis para toda uma comunidade, desenhando o verdadeiro desafio na criação de um filho surdo em nossa sociedade.

A busca constante e incessante pelo melhor a ser feito é o fio guia dos resultados obtidos por nossa família até aqui e seguirá sendo a base de outras iniciativas e tentativas de contribuição para oferecer uma estimulação cognitiva adequada, uma formação pessoal sustentável e uma afetuosidade aquecida. A nossa missão é tão desafiadora quanto engrandecedora e nos cabe, para além da luta, incitar a autoestima e o empoderamento deste ser de luz que nos agraciou com sua presença."

Depoimento 4 – Francielle, mãe surda da Fiorella e da Florence

"Chamo-me Francielle, mãe surda de duas crianças surdas; somos uma família surda, Como cada criança tem sua história diferente, vou começar a contar sobre minha experiência com a primeira filha, que atualmente tem 8 anos e 6 meses, e se chama Fiorella. Quando a Fiorella nasceu, iniciou essa minha aventura de ser mãe, e foi um dia emocionante e inesquecível pra mim. No dia seguinte, também foi um dia bem marcante, porque chegou uma fonoaudióloga no quarto do hospital e me disse que precisava fazer o teste da orelhinha, e nesse momento, o momento em que eu estava amamentando, conhecendo meu bebê, tentando entender o significado do seu choro, construindo um vínculo afetivo com minha filha, ela me informou que precisava fazer esse teste, o teste da orelhinha. Então, liberei para fazer o teste, e ela me informou que ela não havia passado, talvez ainda não estivesse pronta a formação nos ouvidos internos, e me orientou que iríamos repetir o teste em 30 dias. Neste momento, não fiquei surpresa com o resultado, porque sabia que muitos bebês apresentam resultado negativo no primeiro mês da vida. Uma observação importante: na hora de teste de orelhinha, tivemos algumas falhas na comunicação porque ela não trouxe junto um intérprete de Libras, e eu também não sabia que ela iria fazer esse teste na minha filha, não fui informada. Não sei como eles descobriram que minha família era surda, se o hospital entrou em contato ou foi de outra forma, mas até hoje não descobri. Depois do primeiro teste de orelhinha, retornamos pra casa e fizemos testes com barulho de portas; em alguns momentos parecia que a bebê se assustava e abria os olhos e chorava, em outros momentos fazia barulho e ela seguia dormindo, tinha a impressão que oscilava, e isso me confundia.

Aguardamos completar os 30 dias para refazer o teste da orelhinha e novamente ela não passou no segundo teste. A fonoaudióloga veio conversar comigo e disse que iríamos refazer o teste novamente após mais 30 dias, até então em nenhum momento nos confirmaram que nossa filha era surda. Com essa confusão eu não sabia se fazia as estimulações em língua de sinais ou através da audição e a língua oral. O teste da orelhinha tinha o resultado muito rápido, mas não nos dava certeza; fizemos o teste 3 vezes, no primeiro dia após o nascimento, 30 dias depois e o outro teste após outros 30 dias, e em nenhum desses testes ela passou. Como eu não recebi orientação e informação sobre processo e diagnóstico, não queria esperar mais tempo e mais testes de orelhinha. Resolvi procurar um otorrinolaringologista. Neste dia eu tive que chamar um intérprete de Libras para ir comigo, porque já sabia que médicos não oferecem acessibilidade aos surdos. A conversa fluiu de forma clara, consegui explicar todos os procedimentos e como aconteceu. O médico me solicitou outro exame, se chama BERA, é um exame mais profundo e então eu poderia ter certeza se a Fiorella era surda ou ouvinte. Ela marcou exame e a Fiorella tinha 4 meses e meio. Ela precisava estar com bastante sono. Otorrino fez exames com dois ouvidos e repetiu mais uma vez, e então o médico veio falar comigo. Parecia triste e então ele disse: 'Tua filha é surda, ela tem surdez profunda bilateral'. Eu não fiquei triste nem fiquei feliz, e sim fiquei bem aliviada porque dessa vez eu tinha certeza do diagnóstico. Já havia se passado 4 meses e eu estava aguardando ter a certeza de que minha filha era surda! Nesse dia, descobri que minha filha é surda; saí do consultório aliviada.

Às vezes eu fico pensando como seria com outros pais que não têm acesso à informação, é muito complicado sem saber o que fazer, por onde começar, onde procurar. Eu não recebi orientações, não temos um manual descrevendo todas essas informações. Essa parte é muito importante, ter orientações, quais os passos, onde procurar; quando se faz o teste da orelhinha, é importante procurar por orientações porque não nos falam nada. Sabemos que à época, entretanto, o conhecimento sobre o tema era restrito. Como eu aprendi Libras aos 12 anos, tive experiência um pouco diferente, não tinha conhecimento, e agora, com a Fiorella, ela nasceu com a Libras. Então, uma coisa interessante sobre a área da saúde, fui nesse otorrino que comentei por duas vezes por causa desse caso da Fiorella, a primeira vez foi quando fui conversar com ele e marcarmos o exame BERA, e a segunda vez foi quando fizemos o exame e recebemos o diagnóstico. O interessante foi que o médico sabia que uso Libras, tanto que levei intérprete de Libras comigo e conversamos tranquilamente, não houve falta de comunicação, e ele me perguntou se eu pensava em fazer o implante coclear, o aparelho auditivo. Aguardei ele chegar no assunto da Libras, porém, infelizmente, não houve nenhuma informação sobre Libras; ele não me deu essa opção, as sugestões dele eram o implante coclear ou o aparelho auditivo. O que isso significa? Significa que a área da saúde é totalmente voltada para a questão clínica-terapêutica e que eles estão preocupados com a correção, para que haja uma equiparação aos ouvintes. Querem que os surdos façam treinamentos de fala, acompanhamentos de fonoaudiólogos e consigam interagir usando a língua oral, fazendo uso de implantes cocleares ou aparelhos auditivos, falando igual aos ouvintes. Essa é a perspectiva dele! A minha é mais socioantropológica, eu faço uso da Libras, vivo num mundo com a minha identidade, minha cultura e a minha língua. Nesse momento temos duas perspectivas: a perspectiva clínica, que vê a necessidade da correção, e a socioantropológica, que enxerga a cultura e identidade. Estas perspectivas são antagônicas e em minha opinião é importante que elas trabalhem juntas.

A área da saúde precisa fazer o equilíbrio entre essas duas visões, mas sabemos que na realidade o médico segue apenas a linha clínica e não enxerga as questões socioantropológicas, não percebe que o surdo tem sua identidade, cultura e comunidade. Refletindo, vejo a importância deste período, quando os pais descobrem que seu filho é surdo, e quanto a família é muito importante neste momento para dar apoio; isso me deixa muito emocionada. Pode-se inicialmente, passar por estágio de choque, sofrer um luto, ou uma negação, ou a família chorar e não aceitar o diagnóstico da surdez, por isso eu falo que a família é muito importante para lutar junto e estimular dando ânimo. Na realidade, eu não importava se ela era surda ou ouvinte porque ela iria aprender Libras como primeira língua, independente de ser surda ou ouvinte, mas finalmente sabíamos, tínhamos a confirmação do diagnóstico e, assim, podíamos saber em qual língua deveríamos estimulá-la mais, saber qual a língua de vínculo dela ou qual a língua com que ela teria mais afinidade – no caso, como foi Libras, não íamos precisar estimular o lado da audição. E é nisso que acredito, porque até hoje nós sempre estimulamos as crianças da comunidade surda, sempre incentivamos, sempre brigamos por elas, conversamos sobre o assunto com todos, sempre fomos muitos abertos, sempre com o objetivo de mostrar que as crianças surdas têm a capacidade de se desenvolver cognitivamente através da Libras, sempre falamos da importância do contato com a Libras desde bebê.

Agora eu vou falar da minha segunda filha, a Florence. A história dela quanto aos testes da orelhinha e o BERA se diferenciam da Fiorella, talvez porque nós já tínhamos certa experiência, enquanto o exame da Fiore acabou levando 4 meses para saber o diagnóstico. A Florence nasceu numa época em que eu e meu marido estávamos planejando ter mais um bebê na família, então engravidei, tive todo acompanhamento médico, o pré-natal, foi tudo tranquilo. No dia do nascimento da Florence foi tudo tão rápido, e a fonoaudióloga não foi até o hospital para fazer o teste da orelhinha. Voltei para casa no mesmo dia em que ela nasceu, e no outro dia o meu marido já queria fazer o teste para saber se ela era surda ou ouvinte. Então fizemos um teste batendo em uma panela para fazer barulho e percebemos que ela dormia profundamente com os barulhos; podia bater a porta ou a janela por causa do vento, ela continuava dormindo. Comparamos com a Fiorella, que acordava quando tinha barulho, mas a Florence não acordava de jeito nenhum; assim, o Fabiano disse que tinha certeza de que ela era surda. Mas não era um desejo meu que ela fosse surda, para mim tanto faz, se fosse surda ou ouvinte seria da mesma forma. Marcamos o teste da orelhinha.

Chegada a data, Florence, Fiorella, Fabiano e eu fomos até o consultório para fazer o teste; desta vez, foi de uma forma diferente: rapidamente, a fonoaudióloga disse que minha filha era surda. Foi tão rápido que eu perguntei se precisava fazer novamente o teste, ela respondeu que não, poderíamos fazer direto o BERA. Para mim foi melhor, afinal, já temos experiência, conseguimos marcar logo no mesmo médico em que a Fiorella foi antes, pois ele já tinha conhecimento do caso da Fiorella e já havia dito que se repetiria a mesma história. Então fomos, fizemos o teste e a médica confirmou que ela era surda. Apresentou um nível diferente da Fiorella, pediu para fazer o BERA novamente. Levamos novamente a bebê para fazer o teste e confirmamos que o nível é 65 decibéis, que representa surdez moderada a severa. Do dia em que a Florence nasceu, que foi no dia 6 de janeiro, até a confirmação do diagnóstico, que foi no dia 18 de março, comparando com a Fiorella que demorou 4 meses, foi um curto período em que ficamos esperando o resultado. Durante o período aguardando o diagnóstico da Fiorella, ficamos quatro meses na dúvida; foi um período muito confuso, pois sei a importância do diagnóstico precoce. Tenho conhecimento de que, quanto mais cedo souber, mais cedo se pode estimular a criança, e é melhor, porque o contrário causa sentimentos negativos. Entendo que muitos pais, não sabendo que seus filhos são surdos ou ouvintes, enquanto aguardam a resposta, não sabem o que fazer ficando estressados, nervosos. Na época, tivemos estes mesmos sentimentos enquanto aguardávamos o diagnóstico da Fiorella; já com a Florence foi bem mais tranquilo, mais rápido: assim que tivemos diagnóstico, sabíamos o que era melhor para trabalhar com a bebê, estimulando-a.

A minha questão é: o Fabiano e eu somos os pais surdos e temos duas filhas surdas, e agora? Sobre nossa experiência de vida, eu sou filha de pais ouvintes, e agora sou mãe de duas filhas surdas. As experiências de vida são completamente diferentes, pois há famílias de pais ouvintes com filhos surdos e essa família tem duas línguas, e também famílias de pais surdos com filhos surdos que todos têm a mesma língua. Eu recebi muitas informações de outras famílias de pais surdos que tem filhos surdos, pois tem mesma a identidade, mesma língua, mesma cultura. Eu fico pensando, nós nos preocupamos com a educação brasileira, com a sociedade, com os direitos humanos porque para nós dois, até hoje, temos barreiras de comunicação, ainda sentimos o preconceito, não temos opções diversas de acesso para a Fiorella e a Florence."

O QUE AS FAMÍLIAS NOS ENSINARAM

Esperamos que esses depoimentos façam com que todos aqueles envolvidos com os Surdos possam refletir sobre o que representa ter um filho surdo, seja para uma família ouvinte ou surda, e a importância do profissional que com eles transita, muitas vezes por um longo tempo.

Não há uma formulação de princípios ou de métodos a serem seguidos, mas a leitura dessas falas deve ter o poder de realizar mudanças em crenças, em formas de entender as famílias e de atuar junto a elas. E, embora não nos caiba elencar aqui os ensinamentos que pudemos receber, mas demarcar a sua importância, ressaltamos alguns aspectos que se repetiram em cada depoimento, como o sofrimento, a dor, a dúvida, a ansiedade e o despreparo frente aos caminhos a seguir. Por isso é tão importante que o profissional da saúde forneça informações claras com todas as possibilidades a serem seguidas pelas famílias, considerando-os a partir de sua nova realidade, e não de ideais normativos.

Finalizamos com apenas poucas palavras: parem, pensem e reformulem sua forma de atuar com as famílias. Todos sairão ganhando.

Notas

[1] Todos os depoimentos aqui apresentados foram generosamente escritos pelas mães que autorizaram a apresentação do seu próprio nome e de sua criança.
[2] Entendemos o uso desta palavra como sendo o resultado "passou" na triagem auditiva neonatal, i. e., não apresentou perda auditiva.

Referências

BIANCHETTI, L. Um olhar sobre a diferença: as múltiplas maneiras de olhar e ser olhado e suas decorrências. *Revista Brasileira de Educação Especial*, v. 8, n. 1, 2002, pp. 1-8.

ROCHA, E. F. *Corpo com deficiência em busca de reabilitação?* A ótica das pessoas com deficiência física. São Paulo: Hucitec, 2019.

LIBRAS COMO LÍNGUA ADICIONAL PARA ESTUDANTES UNIVERSITÁRIOS OUVINTES

Adriana Di Donato
Marcio Hollosi
Sandra Campos

Para melhor compreensão e discussão sobre o ensino da Língua Brasileira de Sinais (Libras) no ensino superior, optamos por um curto recorte da legislação. Iniciamos pela Constitucional Federal (CF) (Brasil, 1988), a Constituição Cidadã que, em relação às pessoas com deficiência, foi o primeiro documento legislativo a contemplar a diversidade humana com *status* constitucional, afirmando a sua cidadania com garantia de direitos e deveres, com alcance nos diferentes aspectos sociais (Attademo Ferreira, De Souza e Souza, 2016).

A CF de 1988 traz em seu texto a definição do termo "pessoa portadora de deficiência". Posteriormente, a terminologia "pessoa com deficiência" passa a integrar os textos legais e para outros fins, como conceituado na Lei Brasileira de Inclusão (LBI). No conjunto dos avanços dos direitos civis, assegurados também às pessoas surdas, há a promulgação da Lei nº 10.436/2002 (Brasil, 2002), a Lei de Libras, que traz em seu bojo o anseio dos surdos brasileiros de verem reconhecida a língua de sinais (LS): estabelece que a Libras é o meio legal de comunicação e expressão das comunidades surdas do Brasil (Brasil, 2002).

Embora não oficialize a Libras no país, o seu reconhecimento representou um marco nas lutas da comunidade surda, que empenhava grandes esforços para possibilitar uma educação de qualidade aos seus membros. A promulgação do Decreto 5.626/2005 não apenas cumpre o papel de regulamentar a

Lei de Libras, pois estabelece parâmetros que permitem à comunidade surda usufruir do direito de uso da sua língua nas diferentes instâncias institucionais, como também define os limites da legislação. Como já anunciado, o recorte a ser discutido neste texto está voltado aos aspectos de ensino da Libras que podem ser encontrados no art. 9º desse decreto (Brasil, 2002; 2005).

O ensino de Libras entra no currículo como disciplina obrigatória, ainda que para uma pequena parcela específica de cursos universitários do país, nas condições que veremos a seguir. Como direito cidadão, as pessoas surdas estão presentes e podem atuar em todos os espaços da sociedade, obter os graus de escolaridade que desejarem, exercer diferentes funções profissionais – logo, o ensino da Libras no ensino superior (ES) não deveria ter como foco, quase exclusivo, a formação de profissionais para atuarem em ambiente escolar. Sim, é um espaço de grande importância! Do mesmo modo que, na qualidade de cidadãs, as pessoas surdas têm direito ao acesso aos bens científicos, sociais, tecnológicos, artísticos, culturais, entre outros, produzidos pelas diversas áreas do conhecimento presentes nas instituições do ensino superior (IES).

Assim, buscaremos discutir os atores participantes do ensino da Libras, quais sejam, professores do ES, surdos ou ouvintes, e suas atuações nos diferentes espaços de ensino. Vale destacar que diferentes usos da língua serão adotados nas diferentes práticas profissionais.

LIBRAS COMO LÍNGUA ADICIONAL NO ENSINO SUPERIOR

Os estudos linguísticos que definem os limites conceituais de aprendizagem de uma língua que não é a primeira adquirida, a L1, têm sido desafiadores, pois as discussões partem de pressupostos teóricos por vezes distintos, outras vezes mais aproximados. Há uma diversidade de termos: língua estrangeira (LE); segunda língua (L2) – às vezes também adotada para todas as outras ordens de aprendizagem, como L3, L4, e assim por diante –; língua de acolhimento (LAc); língua de herança (LH); língua de vizinhança (LV), língua parceira (LP) (Lôpo Ramos, 2021). Estas definições ainda podem ser mais complexas diante de tantas interseções possíveis. Vejamos as reflexões trazidas frente às tessituras conceituais da contemporaneidade. Lôpo Ramos (2021: 249) afirma que "para atender a novas demandas linguístico-socioculturais, tem sido utilizado por estudiosos em agendas linguísticas da pesquisa e do ensino atuais o termo Língua Adicional – LA, para denominar aquela que não é adquirida ou aprendida como L1".

O autor apresenta à pauta a LA como um conceito guarda-chuva, ou seja, termo que pretende atender às complexidades dos diferentes conceitos linguísticos voltados às línguas que não são a primeira adquirida, sem grau hierárquico por ordem de aprendizado pelo sujeito (L2, L3, L4) ou por *status* de natureza ideológica ou geopolítica.

O Brasil é um país reconhecidamente multilíngue, ainda que nas práticas sociais estas perspectivas nem sempre se verifiquem, composto por heranças dos povos originários brasileiros, pelos povos de descendência de diferentes países da África, da Europa e da Ásia e, ainda, pelas línguas autóctones (quilombolas) (Lôpo Ramos, 2021). Diante dessa diversidade, há a Libras, língua presente em alguns ambientes sociais, que se distingue por ser da modalidade visuoespacial e ser utilizada por um grupo ainda considerado por parte significativa da sociedade como deficiente; por estar no mesmo espaço familiar que comumente tem a língua oral-auditiva como L1; por estar na mesma delimitação geopolítica; e por apresentar características culturais específicas. Além da Libras, há outras línguas sinalizadas no país, seja de origem indígena ou de centros urbanos (Almeida-Silva; Nevins, 2020; Soares; Fargetti, 2022).

Autores como Ferreira e Benfantti (2020), Tesser (2021), e Leite, Borges e Benassi (2021) adotam o conceito da LA aplicada à Libras em seus estudos. A LS é entendida na perspectiva do surdo fluente em Libras (L1), e o português, na função da L2, adotando para ela o termo LA. Há a condição oposta, da pessoa ouvinte ter o português (ou outra língua oral) como L1 e aprender ou adquirir a Libras como L2, que, mediante esta perspectiva, será a LA. Assim, a Libras não é uma LE, pois há a delimitação de seu uso em território nacional e é natural das comunidades surdas brasileiras (Brasil, 2002). Também não será a L2 para a maior parte dos estudantes universitários no Brasil: pessoas ouvintes que têm acesso limitado à Libras na academia

O conceito de LA é defendido como um hiperônimo para as demais tipologias ou classificações de línguas não primeiras. O uso de termos como L2, L3, L4 poderia ser facultado, considerando a relação entre as línguas para fins de ensino, no uso de estratégias didático-metodológicas.

A defesa do termo entende que, face à fluidez de vivências na pós-modernidade, o uso das línguas se configura de formas variadas e por razões (do mesmo modo) diversas, e por isso haveria na escolha do conceito LA um processo inclusivo diante do outro, do ser humano.

O ensino de línguas não primeiras, particularmente a Libras no ES, é um aspecto a ser trazido para a cena. O ensino da Libras nas universidades possui carga horária (CH) pequena se comparado ao ensino de outras línguas no ES, o que pode ser verificado nos cursos de Letras nas diferentes universidades do país.

Há também o ensino de língua instrumental (LI), que se refere à aprendizagem de uma língua não primeira para objetivo profissional ou acadêmico (Langui, 2021). O foco é voltado à aquisição de habilidades linguísticas específicas, como leitura de textos técnicos, apresentações de trabalhos acadêmicos ou comerciais e compreensão de palestras. O que se pretende não é ensinar a língua em sua totalidade, mas aliar estratégias para que as habilidades linguísticas do estudante estejam concentradas em desenvolver uma comunicação funcional, atingindo um determinado objetivo proposto. No ensino universitário, adotar o ensino de língua instrumental para a Libras pode favorecer a melhoria dos resultados obtidos nos diferentes cursos.

As estratégias usadas podem ser diversas, atendendo ao projeto de aprendizagem de cada perfil de curso e de estudante. O uso de dicionários, glossários, sinalários ou similares pode dar mais autonomia para o aprendiz. Simulação de situações mais próximas ao real é uma estratégia que possibilita as tentativas de acerto pelo estudante de forma monitorada pelo professor.

Se da perspectiva do estudante universitário a Libras será uma LA, no caso dos licenciandos, principalmente, deve-se ter por perspectiva que esta será a língua pela qual deverá manejar suas aulas para os aprendizes surdos, sendo assim a língua de instrução, a língua responsável pelo processo de ensino-aprendizagem na modalidade visuoespacial. Para que os licenciandos possam usar a Libras como língua de instrução, de mediação do conhecimento, é preciso um grande aporte na oferta da Libras como LA pelas instituições educacionais de formação de professores. A dimensão desta discussão passa pela adoção de uma política linguística, a qual ainda não é objeto de interesse no país, a partir da qual a pessoa surda, assim como a de outros grupos minoritários (Cunha, 2008), possam ser educadas em sua primeira língua, e, assim, sejam respeitados os aspectos culturais implicados neste contexto.

Discutir o ensino da Libras no ES demanda olhar por, no mínimo, duas diferentes perspectivas: a do futuro profissional e a do sujeito surdo.

PERFIS DE PROFESSORES E O ENSINO DA LIBRAS

O perfil de professores universitários para ensino da Libras ainda é bastante diverso no Brasil. A partir de 2005, professores surdos e ouvintes, devidamente habilitados, passam a poder integrar os quadros de professores do ES (Brasil, 2005). Entretanto, a prioridade para a formação docente para o ensino da Libras e a função de ensino da língua será dada às pessoas surdas. A partir de 2015, para a docência da Libras, passou a ser obrigatório a graduação em Letras-Libras ou o título de pós-graduação em Libras (Brasil, 2005).

Professor surdo e o protagonismo na docência

Segundo Lara (2021), "protagonismo" é o termo usado para representar a possibilidade dos sujeitos de assumir diversas posições, com base no momento histórico, nos diferentes contextos culturais, no tempo, nos entre-lugares. Vale ressaltar que não é um conceito fechado, e, sim, um conceito líquido, ou seja, é diverso dependendo do tempo, lugar e da experiência vivenciada. No caso do povo Surdo, o conceito de "protagonista" também pode ser visto como herói, ativista, militante. O relato de protagonismo a seguir se dará em primeira pessoa, tendo por narrador o autor Prof. Dr. Márcio Hollosi, nas suas experiências como protagonista surdo, nos entre-lugares vivenciados.

> "Tive uma vida acadêmica bastante atribulada, marcada por frequentes situações de preconceitos e despreparo das escolas que frequentei. No trajeto da educação básica, fui compreendendo o significado de castigo, falta de consciência e de conhecimento da instituição escolar a respeito do aluno surdo. O contato com as pessoas surdas e o ensino para surdos só se torna presente na minha vida no final do ensino médio.

Em 1994, mais uma vez em processo de mudança, em São Caetano do Sul, estudei no curso de Informática para Deficientes Auditivos na Escola de Educação Especial Anne Sullivan. No primeiro dia de aula, um susto: nunca tinha visto um grupo de Surdos conversando e, muito menos, em LS, uma vez que eu não conhecia nem sabia conversar nessa língua. Fiquei apavorado, não entendia nada. Até que, com o andamento do curso, uma professora chamada Mariângela (Surda) me pressionou ao me dizer que eu era Surdo.

Foi um choque identitário, mas possibilitou encontrar-me e conhecer-me, começar o processo de construção de meu espaço no mundo. Ela perguntou se eu queria aprender Libras e disse que me ensinaria. Nesse dia, fui para casa chorando, pensando sobre a vergonha que sentia, até aquele momento, da minha surdez, da minha identidade, da minha incapacidade (pois, àquela altura, não conseguia nenhum emprego). A partir daí, mudei, assumi a identidade Surda e comecei a frequentar as aulas de Libras, assim como a comunidade Surda, para aprimorar conhecimentos e me apropriar desta nova cultura. Esta professora foi um marco em minha vida e se tornou minha amiga. Até hoje, essa amizade nos alimenta em discussões sobre a língua e a luta da cultura Surda.

No final de 1994, fui aprovado no curso de Informática com a nota dez e considerado o melhor aluno do curso. Para minha surpresa, recebi um convite do diretor, Prof. Honório (*in memorian*), para ser professor auxiliar do curso de Informática no ano seguinte. Aceitei. Fui para casa muito feliz e comemorei a vitória com a minha mãe, presente e apoio em toda minha formação. Iniciei as aulas na função de professor auxiliar e, em 1996, assumi como professor de Informática. Atendia todos os alunos da escola, da pré-escola até a 8ª série do ensino fundamental. Em 2000, recebi nova proposta da escola: ser professor de Libras para os alunos Surdos e para a comunidade. A partir desse ano, deixei as aulas de Informática e passei a me dedicar ao ensino da Libras.

Em 2005, inicio o curso de Pedagogia no Instituto de Ensino Superior Andreense – IESA, em Santo André. Dentre as disciplinas do primeiro ano, uma chamou-me a atenção: Metodologia do Trabalho Científico. Aprendi sobre a importância da pesquisa e tive a oportunidade de realizar uma monografia intitulada 'Surdez: caracterização, legislação e inclusão escolar'. No segundo ano, fui convidado para ministrar oficinas de Libras na própria IES. Sucederam-se participações nos eventos da faculdade.

Com o olhar paulatinamente direcionado para a educação do Surdo e educação especial, resolvi cursar pós-graduação em Educação Especial com ênfase em deficiência auditiva. Com esta perspectiva, desenvolvi todo meu currículo de pós-graduando e que, ainda hoje, considero atual e pertinente. Esta trajetória me permitiu a apropriação do espaço acadêmico universitário no qual passei a atuar e, afinal, meu grande sonho se realizou: ser professor de uma IES.

A partir de 2009, passei a lecionar, também, nos cursos de Letras e Matemática, as disciplinas de Libras e Didática. Fui convidado para trabalhar na Universidade do Grande ABC – UniABC. Lecionei as disciplinas de Libras, Educação Especial e Didática para os cursos de Pedagogia, Letras, Matemática, Ciências Biológicas, Educação Física e História. Permaneci nesta Universidade até junho de 2010. Em 2010, ingressei na ESPM – Escola Superior de Propaganda e Marketing de São Paulo –, com a disciplina de Libras, oferecida como matéria. Ofertei oficinas de Libras e cursos de capacitação em Libras para os funcionários da IES. E em 2014, ingressei na Unifesp – Universidade Federal de São Paulo –, Campus Guarulhos, na função de professor assistente de Libras, através de um Concurso Público e com a classificação em 1º lugar. Hoje, após nove anos, já ocupo a função de professor adjunto II. Fui coordenador do curso de Letras Português Bacharelado por dois anos. Atualmente, sou coordenador da Câmara Técnica de Acessibilidade e Inclusão de todos os *campi* da Unifesp, atuo como orientador e docente no Programa de Pós-Graduação em Educação e Saúde e também no Profei – Mestrado Profissional em Educação Inclusiva. Participei de diversos congressos internacionais, nacionais e realizei muitos cursos de formação para professores.

A proposta de ter cursado o doutorado tem um sentido, para mim, de resgate do professor. Com o desenvolvimento contínuo de sua própria formação, é possível revisitar suas experiências para, então, redescobrir-se enquanto humano. É necessário promover o encontro do professor consigo mesmo, com o outro e com o mundo; assim, perceberá o valor de sua profissão. O professor deve estar aberto à novidade, flexibilidade e criatividade, postura essencial para a atuação com alunos com necessidades específicas. Preconceitos devem ser superados à medida que se reconhecem os alunos como indivíduos permeados por dificuldades e possibilidades, as quais, em meio às experiências lúdicas, encontram sentido para a aprendizagem."

Professor ouvinte bilíngue português/Libras

Um bom ponto de partida para uma pessoa ouvinte atuar como professor de Libras é ter vivenciado a língua por imersão na comunidade surda. Ainda que o ensino formal seja extremamente importante e as titulações dele decorrentes também, estar diante das pessoas surdas, compartilhar as suas expressões culturais, formas artísticas e conhecer suas múltiplas identidades traz um suporte linguístico que possibilita o entendimento das distintas situações de comunicação. Trazer estratégias didáticas com a orientação da aprendizagem comprometida com a realidade, com a subjetividade e com a experiência sociocultural dos discentes são elementos relevantes para a construção de um projeto de compartilhamento de saberes (Libâneo, 2009).

O lugar de fala secundário atribuído à pessoa ouvinte, que é acolhida pela comunidade surda como pertencente a este universo, é relevante à medida que seu entendimento da visualidade surda, das especificidades linguísticas, artísticas e culturais parte de "dentro". Porém, isso não lhe autoriza a falar como ou em nome da comunidade surda. Representação é fundamental para os estudantes ouvintes universitários se espelharem no modelo de comunicação; assim, viabilizar a presença de surdos é uma tarefa na qual o professor ouvinte deve se debruçar.

Quando não for possível esta presença no local ou por via remota, o uso de vídeos sinalizados pode ser uma estratégia com razoável grau de eficiência. Apresentar diferentes perfis de pessoas surdas, com diferentes idades, gêneros, variação linguística, conversando sobre temas diversos pode ser bastante produtivo, desde que a interação com os diferentes modelos de comunicação seja evidenciada em sala de aula.

A LIBRAS NAS LICENCIATURAS

Tomaremos como exemplo as práticas usadas na Unifesp EFLCH – Guarulhos (Universidade Federal de São Paulo - Escola de Filosofia, Letras e Ciências Humanas) para expor uma das possibilidades de ensino de Libras nos cursos de licenciaturas. O ensino da Libras é ofertado presencialmente em três unidades curriculares (UC's): Educação Bilíngue: Libras e Língua Portuguesa para Pedagogia (75h); Libras para o curso Letras (60h); e Libras nos cursos de História, Ciências Sociais e Filosofia (60h).

Nos cursos de Ciências Sociais, História, Letras e Filosofia, exploram-se questões como cultura e identidade surda e comunicação básica da LS. O curso sofre com a pequena quantidade de horas oferecidas, dificultando o aprendizado real da língua, o que é contrário à demanda de formação de professores capacitados para a inclusão escolar de estudantes. Durante as aulas, ministradas por docentes surdos e ouvintes, são abordados aspectos da legislação, seus fundamentos e as práticas educacionais com os diferentes públicos, reservando 75% da carga horária para o aprendizado específico da língua.

A disciplina desperta o interesse dos estudantes para a temática, trazendo-lhes informações novas e apresentando questões e realidades para as quais eles ainda não haviam olhado. Muitos não imaginavam a presença de estudantes com deficiência ou surdos em suas salas de aula. São trazidas para a discussão experiências vivenciadas e situações cotidianas com o uso da Libras, além das práticas nas aulas presenciais.

Há ainda a articulação dessa disciplina com o grupo de estudos e pesquisas Identidade e Cultura Surda (GEICS) em um projeto de extensão "Papo em Libras". Nos encontros, são reunidos professores Surdos e ouvintes de diversos estados do país.

Como metodologia, exploram-se estratégias visuais complementares à linguagem verbal para o entendimento da LS. Intensifica-se o uso da estratégia de perguntas e respostas, na qual o grupo interage compartilhando informações cotidianas e de seu campo de atuação docente. Adotam-se as estratégias de soletração ou gestos, evitando ao máximo o uso da língua falada.

Ressaltamos o papel da produção textual em LS, comum em toda a oferta das UC's, porque contempla uma relação que envolve uma dinâmica de inter-relação entre corpo, espaço e movimento, diferente, portanto, de uma dinâmica presente nas línguas orais, uma vez que as LS convivem com o espaço cênico como um elemento de atribuição de sentidos. Por isso, o ambiente ou espaço físico não é um mero componente ou detalhe, é um elemento decisivo para a produção de sentidos.

Não há uma proposta curricular nacional para o ensino de Libras, nem a definição de carga horária mínima. Que qualidade de profissionais estamos oferecendo à educação de surdos, já que não existe uma política linguística no país que nos permita uma formação consistente das licenciaturas? Estes são pontos essenciais para uma outra discussão, uma vez que inspiram respostas articuladas com a realidade do ES brasileiro.

REFLEXÕES SOBRE A LIBRAS NOS CURSOS DE SAÚDE

De acordo com o Decreto n. 5626/2005 (Brasil, 2005) em Saúde, a Libras deve ser ofertada como disciplina optativa, ou seja, de livre escolha do estudante. Mas como depositar no estudante universitário a exclusiva responsabilidade de perceber a necessidade de investir em uma disciplina de Libras se o tema acessibilidade comunicacional para surdos é tornado invisível pela sociedade? As necessidades de acesso à saúde da comunidade surda não são pauta comum nas discussões das políticas públicas.

Seguindo a linha reflexiva, trazemos: se há legislação específica para contemplar o ensino da Libras para a área educacional, por qual motivo todos os cursos de saúde não estão contemplados com a obrigatoriedade em seus currículos? O Estado não estaria negligenciando, na articulação das políticas públicas em suas diferentes dimensões, os princípios do Sistema Único de Saúde (SUS) (Brasil, 1990) de *universalização* (considerando o direito ao exercício da cidadania de todas as pessoas de acesso às ações e serviços de saúde), de *equidade* (para promover a diminuição das desigualdades, respeitando as necessidades distintas e específicas das pessoas) e de *integralidade* (ao considerar a pessoa como um todo)?

Adotar a mesma ementa da disciplina para todo e qualquer curso pode cumprir a função do ensino elementar da Libras, que é sensibilizar os estudantes para as questões da educação de Surdos, poder discutir o papel do tradutor e intérprete de Libras na Educação e até conhecer a temática da identidade e cultura surda. Contudo, para a área da Saúde, deixar de fora conteúdos específicos sobre acessibilidade comunicacional para o atendimento à população surda sinalizante e seus desdobramentos nas políticas públicas da saúde implica prejuízos singulares à cidadania desta parcela da população. Não pode haver as práticas de cuidados, que são responsáveis pela qualidade de vida da população, sem que a equipe de saúde saiba se comunicar de modo autônomo, mesmo que minimamente, com o usuário/paciente surdo sinalizante.

Os profissionais de saúde, particularmente os da Medicina e da Fonoaudiologia, são os principais interlocutores junto às famílias de crianças que recebem o diagnóstico de surdez precocemente. Portanto, quanto mais próximas as disciplinas de Libras estiverem à etapa profissionalizante, melhor será o aproveitamento dos conhecimentos em língua de sinais, pois possibilita relacioná-los às práticas clínicas (Depolli et al., 2021).

* * *

O ensino da Libras nos espaços estabelecidos por lei, por si só, já permitiria longas discussões sobre os porquês de tal restrição. Há relação estabelecida entre o acesso de estudantes surdos ao ES e o ensino da Libras, pois esta existe para atender às demandas da comunidade surda sinalizante. Atuando na formação de professores, estamos estruturando a formação dos alunos surdos e suas condições mínimas de acesso aos bens culturais, sociais e ao ES. A insuficiência de tempo reservado ao ensino da Libras nas IES constitui-se um agravo às condições impostas à formação docente.

Assim, a Libras tratada como LA, da perspectiva do aluno da licenciatura, é, para o professor, a língua pela qual ele irá elaborar e ministrar sua aula para o estudante surdo, ou seja, a língua de instrução. Poderíamos tratar LA e língua de instrução apenas como conceitos, no entanto, são, antes de tudo, a possibilidade de acesso aos diferentes conhecimentos que possibilitarão às pessoas surdas o ingresso às IES, principalmente às públicas.

Uma comunicação ineficiente voltada ao estudante surdo estabelece o limite que ele atingirá na sua formação. Mahshie (1995) já apontava que os surdos educados nas perspectivas oralista ou da comunicação total não ultrapassavam o primeiro ciclo da educação. Apesar dos avanços significativos quanto ao reconhecimento de sujeito linguístico na LS e sua atuação social mais efetiva, é indiscutível que a vida acadêmica dos estudantes surdos ainda se vê limitada pela falta de recurso dos seus educadores na língua a ser usada na instrução destes aprendizes.

Observamos, assim, que se constitui um avanço a obrigatoriedade da inserção da disciplina Libras nas grades curriculares de cursos de licenciatura nas instituições de ensino superior do Brasil. Mas precisamos reconhecer que esse é apenas um passo inicial que desperta muitos obstáculos diante do favorecimento de uma formação de professores com conhecimentos básicos dos conteúdos apresentados ao longo deste capítulo e, sobretudo, de uma formação de professores bilíngues.

Fica a indagação: com quanto tempo torna-se bilíngue? Com muitos anos e experiências diversas. Seria diferente com a Libras? Não deveria ser contemplada desde a educação básica para todas as pessoas? Dada a relevância para a inclusão social e pelo reconhecimento de direitos e deveres da comunidade surda brasileira, o acesso à Libras pela população não surda faz-se necessário para trazer a efetiva acessibilidade ao exercício da cidadania.

Referências

ALMEIDA-SILVA, A.; NEVINS, A. I. Observações sobre a estrutura linguística da cena: a língua de sinais emergente da Várzea Queimada (Piauí, Brasil). *Revista Linguagem & Ensino*. 23(4), 2020, pp. 1.029-53.

ATTADEMO FERREIRA, P. F.; DE SOUZA E SOUZA, G. A. A pessoa com deficiência segundo as constituições brasileiras de ontem e de hoje: políticas públicas, direitos e garantias fundamentais. *Revista VIA IURIS*, v. 20, 2016, pp.29-50. Disponível em: <https://www.redalyc.org/articulo.oa?id=273949068003As>. Acesso em: 23 mar. 2023.

BRASIL. Constituição da República Federativa do Brasil de 1988. Brasília, DF: Presidência da República. Disponível em: <https://www.planalto.gov.br/ccivil_03/constituicao/constituicao.htm>.

BRASIL. *Lei nº 8.080, de 19 de setembro de 1990*. Brasília, 1990.

BRASIL. *Decreto nº 5.626 de 22 de dezembro de 2005*. Brasília, 2005.

BRASIL. *Lei nº 10.436 de 24 de abril de 2002*. Brasília, 2002.

CUNHA, R. B. Políticas de línguas e educação escolar indígena no Brasil. *Educar Em Revista*, (32), 2008, pp. 143-59. Disponível em: https://doi.org/10.1590/S0104-40602008000200011. Acesso em: 21 mar. 2023.

DEPOLLI, G. T. et al. A oferta do ensino da Língua Brasileira de Sinais nos cursos de fonoaudiologia no Brasil. *Anais do 28º Congresso Brasileiro de Fonoaudiologia*. Sociedade Brasileira de Fonoaudiologia. [Internet] ISBN 978-65-86760-08-8, 2020. Disponível em: <https://www.sbfa.org.br/plataforma2020/anais/premios>. Acesso em: 10 mar. 2023.

FERREIRA, M. X.; BENFATTI, M. F. N. Aspectos pragmáticos da Libras como língua adicional. *Memorare*, Tubarão, v. 7, n. 2, maio/ago. 2020, pp. 104-14. Disponível em: <https://portaldeperiodicos.animaeducacao.com.br/index.php/memorare_grupep/article/view/9754/5427>. Acesso em: 21 mar. 2023.

LANGHI, C. et al. Educação profissional e linguagens: ensino de línguas para fins específicos. *Revista Eletrônica Pesquiseduca*, [S. l.], v. 13, n. 29, 2021, pp. 300-9, 2021. DOI: 10.58422/repesq.2021.e1036. Disponível em: <https://periodicos.unisantos.br/pesquiseduca/article/view/1036>. Acesso em: 23 mar. 2023.

LARA, Ana Paula Gomes. *Experiências de protagonismo surdo*. São Leopoldo, 2021. 159f. Dissertação (Mestrado em Educação) – PPGEduc, Universidade do Vale do Rio dos Sinos.

LEITE, F. J. F.; BORGES, F. G. B.; BENASSI, C. A. Ensino-aprendizagem de Libras como língua adicional: um encontro entre o pós-método e o dialogismo. *Revista Diálogos*, [S. l.], v. 9, n. 1, 2021, pp. 81-94. Disponível em: <https://periodicoscientificos.ufmt.br/ojs/index.php/revdia/article/view/11851>. Acesso em: 10 mar. 2023.

LIBÂNEO, J. C. *Conteúdos, formação de competências cognitivas e ensino com pesquisa:* unindo ensino e modos de investigação. Cad. Pedagogia Universitária. São Paulo: Edusp, 2009.

LÔPO-RAMOS, A. A. Língua adicional: um conceito guarda-chuva. *Revista Brasileira de Linguística Antropológica*, 13(01), 2021, pp. 233-67. Disponível em: <https://periodicos.unb.br/index.php/ling/article/view/37207>. Acesso em: 18 mar. 2023.

MAHSHIE, S. N. *Educating Deaf Children Bilingually*. Washington: Gallaudet University, 1995.

TESSER, C. R. S. *O ensino de Libras como língua adicional:* atividades sociais e os multiletramentos em propostas didáticas. São Paulo, 2021. 152 f. (Tese de Doutorado) – PPG- LAEL/PUC-SP.

SOARES, P. A. S.; FARGETTI, C. M. Línguas indígenas de sinais: pesquisas no Brasil. *LIAMES*: Línguas Indígenas Americanas. Am., 22(00): e022004, 2022. Disponível em: <https://doi.org/10.20396/liames.v22i00.8667592>. Acesso em: 11 mar. 2023.

O INTÉRPRETE DE LIBRAS EM EDUCAÇÃO E SAÚDE

Kathryn Harrison
Ricardo Nakasato

O título deste capítulo carrega a noção de parceria a ser construída sempre que existir a necessidade de intermediação de relações entre pessoas "falantes" de línguas diferentes, seja entre pessoas que ouvem bem e falam línguas diferentes, entre pessoas que não dominam plenamente a língua em uso (como pode ser o caso de imigrantes, por exemplo), entre surdos de países diferentes, ou, ainda, entre surdos e ouvintes, nas situações em que percebem a necessidade de se entenderem reciprocamente.

Um contexto como este, no entanto, não acontece de forma natural. É motivado pelo reconhecimento de estatuto de paridade entre as partes envolvidas, seja por razões econômicas, financeiras, políticas, diplomáticas ou jurídicas, e pela exigência dos interlocutores dessas relações de participarem das atividades em igualdade de acesso às informações e decisões. Nestas circunstâncias, a presença de intérpretes é considerada consagrada.

E, quando relações ocorrem em situações em que há uma desigualdade entre as partes envolvidas, pode-se pensar em um cuidado semelhante? Por exemplo, quando surdos e ouvintes se encontram em diferentes contextos, já se considera a presença de um tradutor-intérprete da Língua Brasileira de Sinais (Libras)?

Importante lembrar que essa foi uma luta de longa duração de líderes e pesquisadores da comunidade surda e de pesquisadores ouvintes a ela ligados. Primeiro, lutando pelo reconhecimento da Libras com a Lei nº 10.436 de 2002, que a reconhece como meio legal de comunicação e expressão (Art. 1º) e como sistema linguístico de natureza visual-motora e estrutura gramatical própria. Como qualquer língua, constitui um sistema linguístico de transmissão de ideias e fatos, oriunda de comunidades de pessoas surdas do Brasil.

A partir desse passo, houve a regulamentação da Lei de Libras, com o Decreto nº 5.626, de dezembro de 2005, que regulamenta temas relacionados à Libras, aqueles ligados à acessibilidade, à supressão de barreiras de comunicação e ao acesso à informação em todas as instâncias. Também regulamenta outros aspectos relacionados à Libras, como disciplina curricular obrigatória para professores, fonoaudiólogos, nos cursos de licenciatura e optativa nos demais cursos de educação superior e profissional, e determina como deve se dar a formação do professor e do "instrutor" de Libras.

Vale ressaltar dois pontos que têm muito valor para a comunidade surda: o primeiro com o termo "instrutor" de Libras, mais relacionado ao menor custo do profissional. Assim como a certificação para os intérpretes com anos de prática na interpretação Libras-português, seria possível estipular um período para que os "instrutores", que até então não tivessem formação em nível superior, pudessem conseguir alcançar tal exigência e a categoria deixar de existir. Infelizmente, até o momento essa diferença persiste. O segundo ponto é a participação do tradutor e intérprete de línguas de sinais e português (TILSP) na comunidade surda e no conhecimento de sua cultura, pois assim é possível transitar entre o mundo dos ouvintes e dos surdos e contribuir para a quebra de paradigmas.

Além dos itens relacionados, o decreto nº 5.626/2005 estipula as regras para o uso e a difusão da Libras e da língua portuguesa para a garantia do acesso das pessoas surdas à educação, em todos os seus níveis, aos processos seletivos, às atividades e à informação, assim como garantia à saúde, da prevenção aos tratamentos especializados necessários. E, assim, regulamenta a formação do tradutor e intérprete de Libras-língua portuguesa.

Ressaltamos que somente em 2010, por meio da Lei nº 12.319, há regulamentação da profissão do tradutor e intérprete da Libras e de seu exercício profissional, na qual se regulamenta, também, os níveis em que deve ocorrer sua formação. O que nos traz de volta ao tema do presente capítulo: a construção das parcerias.

Os parceiros, afinal, quem são? Acreditamos que são tanto os intérpretes quanto os surdos, pais de surdos, profissionais da saúde e os da educação. O objetivo é refletir sobre pontos que pensamos ser relevantes.

A lei que regulamenta a profissão de TILSP (Brasil, 2010) assim também o faz com sua formação, a qual pode acontecer de maneiras e níveis diversos. No Artigo 4º:

> A formação [...] em nível médio, deve ser realizada por meio de:
> I – cursos de educação profissional reconhecidos pelo Sistema [...];
> II – cursos de extensão universitária;
> III – cursos de formação continuada promovidos por instituições de ensino superior e instituições credenciadas por Secretarias de Educação.
> Parágrafo único. A formação [...] realizada por organizações da sociedade civil representativas da comunidade surda, desde que o certificado seja convalidado por uma das instituições referidas no inciso III.

Para complementar os níveis de formação, criou-se o exame nacional para certificação de proficiência na tradução e interpretação da libras-português-libras (Prolibras), que se estendeu de 2010 a 2015, prazo suficiente para a organização e constituição das primeiras turmas de TILSP em cursos regulares com base na lei. Por não haver nem profissão, nem profissionais em conformidade com a lei, formaram-se bancas examinadoras de amplo conhecimento da função, constituídas por docentes surdos, linguistas e tradutores e intérpretes de Libras de instituições de educação superior considerados de "notório saber". A partir de 2015, a certificação se dá pela formação em nível superior no curso Letras-Libras.

Esta introdução se mostrou necessária para apresentar o problema dentro de um processo histórico e as reflexões dos autores a respeito da interpretação nas áreas da saúde e da educação, levantando as parcerias que nos parecem já existentes e as que consideramos importante estabelecer deste momento em diante.

INTERPRETAÇÃO EM SAÚDE: UM PONTO DE VISTA

Um dos autores deste capítulo trabalha em instituição de saúde e observa, no dia a dia, as dificuldades vividas pelas pessoas surdas usuárias de Libras nas consultas com médicos, psicólogos e fonoaudiólogos.

Um olhar apressado capta a comunicação truncada já na entrada da instituição, em tempos pandêmicos como foram, ao exigir a obrigatoriedade do uso de máscaras, de aferição de temperatura, qual direção seguir. A saga continua na recepção, para dar entrada, com os dados e documentos para o cadastro. É a realidade de grande parte das pessoas surdas em qualquer estabelecimento em que se encontrem. Porém, em um estabelecimento no qual se procura descobrir ou sanar problemas de saúde e receber orientações para os tratamentos, a dificuldade nas trocas entre os envolvidos pode se tornar uma situação bem problemática.

A presença de intérprete de Libras é muito bem-vinda em um espaço deste tipo, mas raras são as instituições no Brasil que têm um intérprete como profissional contratado para favorecer a acessibilidade de pessoas com deficiência ou com mobilidade reduzida aos equipamentos, como diz a Lei 10.098/2000, conhecida como Lei de Acessibilidade (Brasil, 2000) e a Lei 13.146/2015, Lei Brasileira de Inclusão da Pessoa com Deficiência – Estatuto da Pessoa com Deficiência (Brasil, 2015).

Acreditamos serem necessárias reflexões e atitudes concretas para efetivamente haver acessibilidade na comunicação entre surdos e ouvintes, ainda mais na saúde.

Procuramos projetar um "estatuto ideal" da presença, da formação e da atuação de TILSP nos equipamentos de saúde, visto ainda não haver uma variedade de experiências, estudos e publicações consolidados no tempo. Há iniciativas em andamento, algumas relatadas a seguir para explicitar a viabilidade da luta pela maior inserção de TILSP.

Importante lembrar que o acesso irrestrito a todo e qualquer contexto de saúde pelo cidadão Surdo é um direito constitucional. Por isso, a presença de profissionais fluentes em Libras e de intérpretes de Libras é fundamental em todos os espaços de saúde.

Alguns autores estudaram a relação surdez e intérpretes de Libras na saúde, como Andrade (2014), Mazzu-Nascimento et al. (2020), Santos et al. (2021) e Galvão (2021), e todos apontam as dificuldades vividas por surdos e intérpretes na área. Lamoglia (2015) estabelece a relação entre as diretrizes da Organização Mundial da Saúde (OMS) e a surdez, apontando as concepções de base na reabilitação e inclusão que interferem neste contexto.

Gostaríamos de explicitar a diferença que deve ser estabelecida entre a atuação de intérprete de língua de sinais e o profissional da saúde que saiba Libras no momento de um atendimento, tema que foi apontado por Pereira (2014) como de interesse para futuras pesquisas.

O profissional de saúde ter conhecimento de Libras é desejável e ocorre, em geral, por vontade do próprio profissional, que pode ou não ter feito um curso de Libras formal ou reconhecido, com maior ou menor domínio da língua.

Quanto ao aspecto levantado no parágrafo anterior, podemos mencionar uma discussão importante com base no depoimento do autor surdo deste capítulo:

> "Lendo esse parágrafo, me remeteu a uma questão assistencialista. Parece que os profissionais de saúde farão um favor aos Surdos de saberem a Libras. Eu não concordo que eles devam aprender se quiserem... deveria ser uma obrigação para todos os Surdos terem acesso direto ao próprio profissional. Aliás, na verdade, isso deveria ser uma realidade em qualquer lugar: banco, mercado, escola, clínicas etc. Além de ser "cliente", é um direito anterior meu enquanto cidadão que paga imposto. Outra coisa é que o tipo de formação não pode ser aleatório, ou seja, família surda, amigo ensinando, cursos de 40h etc. Deve ser estruturada, com carga horária adequada, aspectos da cultura surda, maneiras de se atender um surdo, como lidar com os diferentes níveis de línguas, etc."

Neste caso, há uma troca direta entre o profissional e o paciente/cliente durante a consulta, a depender de seu domínio do idioma, e mesmo assim pode ser necessária a presença do TILSP, devido à complexidade do tema tratado. Neste sentido, acredita-se que o profissional deveria ter fluência em Libras. Temos que lutar por isso. É uma forma de preservar a individualidade do Surdo. Por exemplo, quando ele vai ao médico, não deveria ser obrigado a compartilhar sua intimidade e sua saúde com um TILSP, porque o médico não sabe Libras. Ainda assim, mesmo em um contexto em que os profissionais de saúde soubessem Libras, a presença de um TILSP deveria ficar por opção do paciente Surdo, e não do médico. Se ele entender que vale ter mais uma pessoa fazendo a tradução, chamaria o TILSP, senão faria seu atendimento direto com o médico.

A cada dia há um número maior de fonoaudiólogos, psicólogos, fisioterapeutas e terapeutas ocupacionais bilíngues que entendem ser esse o melhor caminho para atingir os resultados que desejam, o que é importante para a pessoa surda que se consulta.

A atuação de profissional TILSP, por outro lado, pressupõe uma postura discreta, ética, em que ele é o mediador das duas línguas colocadas em relação. Não há espaço para expressão de suas próprias opiniões ou dúvidas. Como explicita o Artigo 7º da Lei nº 12.319 (Brasil, 2010):

> [...] O intérprete deve exercer sua profissão com **rigor técnico**, zelando pelos **valores éticos**, pelo respeito **à pessoa humana** e **à cultura do surdo** e, em especial:
>
> I – pela **honestidade e discrição** [...]
>
> II – pela **atuação livre de preconceito** de origem, raça, credo religioso, idade, sexo ou orientação sexual ou gênero;
>
> III – pela **imparcialidade e fidelidade** [...]
>
> V – pela **solidariedade e consciência de que o direito de expressão é um direito social** [...]
>
> VI – pelo **conhecimento** das especificidades da **comunidade surda**.
>
> (grifos dos autores)

A mediação das interlocuções entre pessoas ouvintes e surdas é um trabalho sério, desconhecido pela população em geral – dentre essa, os profissionais da saúde. Se na área da educação já há trocas de experiências entre professores, intérpretes, gestão escolar, alunos e pais, o mesmo ainda não acontece na saúde.

Podemos perguntar, portanto: qual a parceria a ser construída na ação de profissionais da saúde e de intérpretes de Libras? De maneira simples, podemos afirmar que deva ser entre profissionais da saúde, intérpretes de libras, usuários surdos e familiares e gestores desses equipamentos.

Anteriormente, levantamos algumas iniciativas no plano governamental, no que se refere às leis para reconhecer as dificuldades de acessibilidade de pessoas com deficiência a equipamentos destinados à educação, à saúde, enfim, ao exercício de sua cidadania.

Em nossas vivências como profissionais que circulam em espaços de saúde há muitos anos (como surdo e fonoaudióloga), há reflexões importantes a serem realizadas a respeito de qual o lugar ocupado por pessoas Surdas nesses espaços. Se na saúde mental há reflexão e posicionamento sobre as melhores maneiras de tratar as doenças e os doentes mentais – que se caracteriza pela luta antimanicomial e pela proposição da reforma psiquiátrica, transformando o campo da saúde mental para o cuidado integral em ação –, nos equipamentos de saúde em geral e naqueles direcionados à reabilitação, isso parece não ter efeito.

Por que trazemos o tema da saúde mental para a discussão do TILSP na saúde? A resposta reside no fato de sentirmos falta de uma discussão sobre o lugar social do paciente/usuário surdo nos serviços de saúde. Galvão (2021), ao apresentar seu trabalho no Centro de Atenção Psicossocial, em oficinas de musicoterapia frequentadas por surdos e ouvintes (com a presença de TILSP), revela os pressupostos desse trabalho, em que a dimensão ética – que contribui com o reposicionamento do sujeito diante de sua existência e sofrimento – e participativa dos usuários e da comunidade nas decisões têm relevância.

Muitas vezes, a presença de profissionais intérpretes é colocada simplificada e administrativamente em uma relação monetária de custo-benefício na análise da gestão superior das instituições, descartando a contratação do profissional em razão dos valores implicados. No entanto, "dar voz" ao usuário surdo, sem que este dependa de mãe ou familiares que falem "por ele" ou "apesar dele", é muito importante, sob pena de levar a pessoa surda a um retorno a um lugar que marca não só a perda auditiva como deficiência como também o usuário surdo como incapaz de ter opinião a respeito do que considera melhor para si, uma situação a ser modificada com a participação ativa dos parceiros envolvidos: pessoas surdas, intérpretes de língua de sinais, profissionais da área de saúde, pais e/ou familiares. Além de formação contínua dos TILSP, defendemos a criação de formação específica complementar quando desejar atuar na área da saúde: conhecer termos, procedimentos, doenças, remédios e outras questões que não devem ser aprendidas na prática, mas, sim, em cursos próprios para tradução/interpretação, haja vista a diversidade de áreas e de termos desconhecidos ou com sentidos normalmente utilizados na saúde (cf. Pereira, 2014: 120-1). Além de tantos requisitos, o intérprete deve ter a delicadeza de realizar a adequação a ser feita ao interpretar para surdos idosos, jovens, crianças, que podem ter diferentes níveis de domínio da Libras. Acreditamos ser de **grande importância** esta qualidade do intérprete, porque o paciente merece ser atendido em sua especificidade linguística, e, para isso, é preciso que o profissional de saúde aprenda Libras de forma aprofundada e que tenha formação específica para atuar com os diferentes níveis de pacientes e de linguagens médicas que possam aparecer. Há grande responsabilidade implicada nesta tarefa.

A seguir, destacamos o papel das parcerias para a adequada ação da interpretação para a educação de surdos.

EDUCAÇÃO E INTERPRETAÇÃO: COMPLEXIDADE DE PARCERIAS

Em tempos de força da educação inclusiva no Brasil, a função do intérprete de Libras se tornou um tipo de resposta padrão para a inclusão de um aluno surdo em escola comum. Por vezes ocorre independentemente da consideração de fatores fundamentais, como idade, conhecimento ou domínio da Libras por parte do aluno.

Um dos primeiros espaços reconhecidos para a atuação do TILSP foi no ensino fundamental e, a partir daí, sua atuação no ensino médio, na universidade na graduação e pós-graduação. Um dos autores deste capítulo acompanhou e o outro viveu na própria pele o acontecimento da chegada dos intérpretes aos ambientes acadêmicos, do ensino fundamental à pós-graduação. Situação resolvida? De forma alguma! Neste espaço procuramos explicitar três pontos que julgamos importantes: intérprete quando, como e para quem?

São perguntas fundamentais. O primeiro ponto se liga à direção que profissionais e pais querem dar a partir do diagnóstico de perda auditiva em um bebê ou em uma criança pequena que nasce com surdez, como discutem Moura e Harrison (2023). Situação em que o ponto essencial é a aquisição, o desenvolvimento de linguagem e a formação da subjetividade. Acreditamos que a Libras sempre deve ser indicada aos familiares como direito do seu filho, independente do grau de surdez. A dicotomia entre oralização ou Libras já deveria estar superada há muito tempo, mas não é a realidade vivida em nossos dias. Acreditamos que a família tem que saber da possibilidade da Libras ser um caminho oferecido, mesmo que opte também pelo treinamento da oralidade. Devemos ver o Surdo em suas possibilidades globais, de maneira a se formar integralmente.

A depender da linha de tratamento adotada, pode ser que a Libras e o bilinguismo para surdos nem sejam considerados, e a função do intérprete se esvazia. Em momento futuro, se os prejuízos na aprendizagem aparecerem, o intérprete será de pouca ajuda.

Se, por outro lado, a opção de pais e profissionais for a língua de sinais circulando nos diferentes espaços de trocas, a Libras será a primeira língua para esta criança. E a educação? Uma escola bilíngue para surdos é uma indicação lógica, pois o ensino ocorre na língua em que a criança já circula. Mas, e se na cidade em que a criança mora ou próximo não houver escola bilíngue? Como fazer?

Acreditamos que o fator fundamental para a criança surda se desenvolver é um ambiente em que a circulação da língua de sinais aconteça o mais cedo possível e nos mais diferentes contextos – em casa, com os colegas, com professores surdos e ouvintes, na família ampliada –, pois é dessa forma que se pode processar a constituição de identidade, o aprendizado da língua e da cultura Surda, o que ocorre durante todo ensino básico. Se as condições da região em que a criança mora não permitem, essa prática deve acontecer, no mínimo, da educação infantil até o final do ensino fundamental I, porque com esta idade a criança já tem maturidade psíquica e cognitiva para compreender sua identidade de criança surda, diferenciar o papel do intérprete e do professor, e a realidade de viver em um mundo de pessoas que ouvem e falam. A partir deste ponto, a função do intérprete ganha a devida relevância.

Há necessidade de preparar a escola para a presença da criança surda, disposição das carteiras em sala de aula, escolha de materiais e estratégias que facilitem a aprendizagem deste aluno surdo incluído, conforme dispõe a Lei nº 13.146/2015 (Brasil, 2015), em seu artigo 3, inciso IV, pois é necessário dar ao aluno acesso ao currículo. Por isso, os profissionais da educação e de apoio (no caso o TILSP) devem se debruçar em eliminar as diversas barreiras existentes.

Neste exemplo, podem-se ver as valiosas parcerias que é necessário estabelecer: coordenação escolar, pais, intérprete, professores, auxiliares de classe e demais trabalhadores da escola. Vale dizer que a parceria sem Libras não favorece o crescimento do aluno Surdo em sua totalidade. É preciso que todos consigam se comunicar sem apoio do TILSP, para que o aluno se sinta acolhido de verdade. É necessário que todos da escola tenham contato com os alunos Surdos para conhecer de fato suas especificidades. Trabalhoso? Com certeza! Mas imprescindível, se o desejo é o de incluir educacional e socialmente. Defendemos a escola bilíngue de Surdos, e se citamos esse exemplo o fazemos com o objetivo de ficar claro que na ausência da escola bilíngue, em cidades pequenas ou afastadas, devem ser pensadas estratégias para um ensino que contemple as especificidades dos Surdos.

Em diferentes estados brasileiros, há legislação a respeito do intérprete. Conforme se pode apreender no relato de pesquisa de Salvador e Lodi (2018), "[...] até os dias de hoje, não há no quadro de profissionais da rede estadual de ensino do estado de São Paulo o cargo de TILSP, e o profissional contratado para o exercício dessa função foi denominado Professor Interlocutor". Este nome carrega um tanto de confusão, pois não esclarece de quem é a função de ensinar. Esta legislação, a Resolução nº 38/2009, mantém-se na Resolução vigente, nº 08/2016, que dispõe sobre a atuação de docentes com habilitação/qualificação na Libras nas escolas da rede, estabelece os critérios de formação, horas de aulas de Libras, certificação, o que leva à variação de níveis de proficiência em cada estado, escola ou instituição, e o campo da interpretação educacional desigual.

O TILSP educacional deve trabalhar de forma diferenciada, conhecendo o contexto em que atua, professores, idade e fluência da Libras dos alunos, para que possa fazer um trabalho efetivo e de qualidade, um profissional que exerça sua função a fim de acolher os alunos Surdos em suas necessidades. Em relação à formação do TILSP educacional, é necessário que tenham formação específica para atuar, o que contempla carga horária, assuntos, contextos educacionais, conteúdos e organizações pedagógicas próprias desse campo. Com essas responsabilidades, não se pode conceber que este profissional aprenda como atuar em ambiente educacional na prática e nem com seus conhecidos.

Dessa forma, procuramos esclarecer a importância de uma boa formação do intérprete, para que crianças, jovens e adultos surdos possam adquirir os conhecimentos de que foram subtraídos por muitos anos, por não terem como participar plenamente e sem obstáculos da educação em seus mais variados níveis. Por estar em contato constante com amigos surdos e ouvintes estudiosos da Libras, do bilinguismo, da educação de e para surdos, há alguns (muitos) anos, vimos essa profissão crescer em número de profissionais e em campos de atuação, mas acreditamos que propiciar acesso à educação é uma das posições mais nobres para um TILSP. E de grande responsabilidade.

A formação do intérprete nunca acaba, e esse desenvolvimento não terá fim, porque na mesma medida em que as pessoas surdas forem caminhando mais e mais em sua formação acadêmica, mais os intérpretes precisarão se aperfeiçoar e se especializar.

Da mesma forma, quanto mais os surdos participarem das decisões sobre sua saúde, entrarem nesta área de estudos, assim será com os intérpretes, aperfeiçoando-se, em sintonia com os conhecimentos específicos que precisará compreender e com a comunidade surda, que vai participar da criação de sinais para as palavras que podem ainda não existir na Libras, assim como tem acontecido ao longo dos anos.

Referências

BRASIL. Lei nº 10.098 de 2000. Estabelece normas gerais e critérios básicos para a promoção da acessibilidade das pessoas portadoras de deficiência ou com mobilidade reduzida, e dá outras providências. Disponível em: <https://www.planalto.gov.br/ccivil_03/LEIS/L10098.htm>. Acesso em: 18 abr. 2023.

BRASIL. Lei nº 10.436, 24 de abril de 2002. Dispõe sobre a Língua Brasileira de Sinais. Disponível em: <https://www.gov.br/mdh/pt-br/assuntos/noticias/2022/abril/lei-que-institui-a-lingua-brasileira-de-sinais-completa-20-anos>. Acesso em: 08 abr. 2023.

BRASIL. Decreto nº 5.626 de 2005. Regulamenta a Lei 10.436 e Lei 10.098. Disponível em: <https://www.planalto.gov.br/ccivil_03/_ato2004-2006/2005/decreto/d5626.htm>. Acesso em: 08 abr. 2023.

BRASIL. Lei nº 12.319 de 2010. Regulamenta a profissão de tradutor e intérprete da Língua Brasileira de Sinais – LIBRAS. Disponível em: <https://www.planalto.gov.br/ccivil_03/_ato2007-2010/2010/lei/l12319.htm>. Acesso em: 08 abr. 2023.

BRASIL. Lei nº 13.146 de 2015. Institui a Lei Brasileira de Inclusão da Pessoa com Deficiência (Estatuto da Pessoa com Deficiência). Disponível em: <https://www.planalto.gov.br/ccivil_03/_ato2015-2018/2015/lei/l13146.htm>. Acesso em: 03 ago. 2023.

GALVÃO, Marcus Vinícius A. Musicoterapia e o intérprete de libras na saúde mental: relato de experiência. *Revista Nufen: Phenomenology and interdisciplinarity*. Secretaria Municipal de Saúde de Aparecida de Goiânia: Belém, 13(1), jan.-abr., 2021, pp. 242-58.

LAMOGLIA, Aliny. Surdez e direitos humanos – o que diz o relatório mundial sobre deficiência da organização mundial de saúde. *Revista Perspectivas do Desenvolvimento*: um enfoque multidimensional, v. 03, n. 04, julho 2015.

SALVADOR, Samara de J. l.; LODI, Ana Cláudia B. Resoluções do estado de São Paulo e o professor interlocutor: implicações para a educação dos surdos – relato de pesquisa. *Revista Brasileira de Educação Especial*. 24 (2), Apr-Jun 2018. Disponível em: <https://doi.org/10.1590/S1413-65382418000200009>. Acesso em: 29 abr. 2023.

MAZZU-NASCIMENTO, T. et al. Fragilidade na formação dos profissionais de saúde quanto à Língua Brasileira de Sinais: reflexo na atenção à saúde dos surdos. *Audiology – Communication Research*. v. 5, 2020.

MOURA, Maria Cecilia de; HARRISON, Kathryn M.P. Desafios da clínica fonoaudiológica bilíngue com surdos: subjetividade, tecnologias e língua de sinais. In: AZONI, C. A. S. et al. (org.). *Tratado de linguagem:* perspectivas contemporâneas. Ribeirão Preto: Editora Booktoy, 2023, pp. 237-45.

PEREIRA, Patrícia C. de A. *Tradutores-intérpretes de Libras:* o que eles nos contam sobre questões éticas em suas práticas. São Paulo, 2014. 153p. (Tese de doutorado) – FSP-USP.

SANTOS, W. J. dos et al. Um olhar sobre o atendimento dos surdos nas unidades de saúde. TCC, Faculdade Laboro, MA, 2022.

INCLUSÃO DO SURDO: VERDADEIRA OU PERVERSA?

Cecilia Moura
Cilmara Levy

Este capítulo desenvolve uma reflexão sobre a surdez na contemporaneidade, atualidade essa vista por olhos de quem enxerga, dita por quem fala, ouvida por quem ouve e sentida por quem nela transita. Está dividido em duas partes: na primeira, são discutidos alguns conceitos básicos que irão possibilitar uma melhor compreensão do que é exposto na segunda parte, em que será analisado o sujeito frente aos desafios da sociedade hoje.

CONCEITOS BÁSICOS

Para se falar da inclusão da pessoa Surda/Deficiente Auditivo (DA), tem-se que, em primeiro lugar, compreender alguns conceitos ou pelo menos perceber como se pode entendê-los, já que eles dependem de inúmeros fatores que influenciam a forma de serem conceituados e/ou definidos. Esses fatores implicam momentos históricos culturais que são influenciados pela política, pelos interesses econômicos, entre outros fatores.

Inicia-se aqui com o conceito de diversidade (Gusmão, 2023). Estará ele relacionado apenas à multiplicidade? Multiplicidade de formas de estar no mundo, de ser no mundo, ou ela deveria abranger um conceito mais amplo que se modifica com a história, com o ambiente, com as culturas? A diversidade pode ser vista como algo positivo e gerador de formas diferentes de enxergar a si mesmo e ao outro e de se posicionar como aprendiz de novos horizontes ou pode gerar conflitos e desejos antagônicos, pois coloca em risco a própria essência de todos que fazem parte daquela sociedade. O que era considerado único e consagrado como "perfeito" passa a não ser mais parte do cotidiano. O que fazer com essa mudança de paradigma? Tentar entendê-la e se moldar a uma nova forma de construir uma realidade seria uma boa solução. Ver o diverso como algo que está à nossa volta e nos obriga a ter novas concepções pode ser uma tarefa árdua, mas ela é possível e necessária se o desejo é uma sociedade mais justa. Apenas a compreensão mais completa desse conceito é que permitirá que se possa passar a perceber o outro como ser humano completo e com direitos a serem respeitados. Para isso, há necessidade de mudanças estruturais básicas que irão definir as formas de inclusão que a interação deve compreender. Deve-se refletir na questão da aceitação ou tolerância da diversidade. Apenas a aceitação da diversidade como elemento corriqueiro do dia fará com que se possa pensar em uma inclusão que seja afirmativa e não fictícia.

Mas, afinal, por que inclusão e não integração? O que a integração trouxe de diferente para os que se distanciam de normas estabelecidas pela sociedade? Pela integração, se esperou que o "outro", a quem se dava características diversas ao "normal", se adaptasse ao mundo "perfeito" estabelecido pela dita maioria – que não é maioria pelo número que o compõe, mas pelo poder político estratégico que ocupa na sociedade. A integração não trouxe uma melhora na vida desses "outros", trouxe um peso a mais. Como se igualar tendo instrumentos tão diversos? Aí surge esse conceito que, aparentemente, irá fazer com que os diferentes possam ter direitos iguais e se equiparar em diversos campos ao "normal".

A inclusão prega a igualdade. Igualdade do quê? De direitos que implicam mudanças estruturais importantes, que devem levar o indivíduo a ter oportunidades e poder vivenciar situações que levem ao fortalecimento dele frente a ele mesmo e ao outro (Sassaki, 2009). Barreiras devem ser derrubadas, e não se está referindo aqui a barreiras físicas, mas àquelas mais resistentes, aquelas dos próprios seres humanos (Goffman, 1988). A inclusão também se refere a oportunidades e a acesso e liberdade de escolha. E aqui entra outro conceito importante: o da igualdade.

Muito se discute sobre igualdade, mas será ela sinônimo de equidade? A que se refere a igualdade quando se fala de pessoas e suas características próprias? Pode-se exigir a igualdade? Ou se fala de igualdade de oportunidades? Existe a igualdade de desejos? Esse conceito precisa ser muito bem compreendido.

Equidade, por sua vez, refere-se ao fato de que as pessoas não são todas idênticas, que cada um tem seu caminho marcado, desde o nascimento, por características próprias, e que essas diferenças devem ser respeitadas. Isso se dá quando a sociedade oferece aos indivíduos o que eles querem e necessitam para que o acesso às necessidades individuais seja provido. As ações e a direcionalidade a serem seguidas dependem de como a igualdade e a equidade são vistas e compreendidas.

Inclusão, igualdade, equidade, diversidade, multiplicidade são palavras que devem ser transformadas em conceitos e compreendidas na sua totalidade para que o que seja proposto em termos de políticas públicas possa ser realmente efetivo, em todos os âmbitos. O que se pode ver, hoje em dia, é o que se pode chamar de inclusão perversa (Sawaia, 1999), em que a ideia parece contemplar as necessidades, ou seja, a prática faz com que se acredite que ela esteja sendo implementada, quando, na realidade, ela se apresenta como uma falsa verdade que não contribui para a inclusão. Pior ainda, as pessoas se confundem e não compreendem que o que está sendo realizado não atinge os objetivos idealmente propostos. Isso provoca um delírio coletivo que paralisa e não traz o que deve ser trazido: educação, saúde e sociedade para todos.

SUJEITO SURDO E OS DESAFIOS NA SOCIEDADE ATUAL

A filosofia e a história podem nos ajudar nessa árdua tarefa de criar um mundo que compreenda o caminho seguido pelo homem e forneça formas de se realizar uma inclusão verdadeira.

Entende-se por idade contemporânea o período que se inaugura em 1789, com a Revolução Francesa, e perdura até os dias atuais, sendo marcado por profundas e constantes transformações econômicas, políticas, culturais e sociais. Alguns autores (Deborg, 203; Birman, 2007) constatam, na contemporaneidade, uma exaltação e mesmo uma exacerbação da individualidade decorrente dos movimentos políticos e históricos que permearam os últimos dois séculos.

Não há dúvida quanto à grande mudança verificada nesse percurso de mais de duzentos anos, principalmente no que tange à tecnologia e ao avanço científico. Também não se pode deixar de apontar as questões políticas que, apesar das duas Guerras Mundiais do século passado, seguem engendrando outras, igualmente impactantes, neste período atual.

Num ensaio que pretende dar vez ao pensamento de uma (entre várias) visão da atual sociedade, do ponto de vista da inclusão do surdo, cumpre lembrar que há um construto social para sermos o que hoje somos, marcados pelos períodos históricos da própria contemporaneidade.

Assim, na tentativa de trazer os fatos para os dias atuais, fazemos uma reflexão sobre nosso tema, mas sem esgotar todas as obras e autores em que se pautou essa reflexão.

Iniciamos com a obra *Sociedade do cansaço*, do filósofo sul-coreano Byung-Chul Han (2017a), que abandonou os estudos em metalurgia no Japão para se dedicar à filosofia na Alemanha. Embora o autor não se proponha a falar especificamente sobre o tema deste capítulo, e sim a refletir sobre a vida econômica da contemporaneidade, sua visão da sociedade atual afeta diretamente o comportamento social de que tratamos aqui.

Na sociedade do século XXI, que o autor chama de "sociedade do cansaço", ele explora a ideia de um novo modelo de vida social. A ameaça é o "EU"; numa sociedade da positividade, o que se afirma é que o indivíduo fará sua própria gestão, assim, "SOU o EU que tenho o poder". O autor destaca então o indivíduo multitarefa, que faz muito, mas de forma rasa. É um indivíduo isolado em sua própria afirmação, que torna sua opinião uma imposição sobretudo para si mesmo, e, ao outro indivíduo, que não compartilha a mesma ideia, volta seu desprezo ou o cancelamento.

Logo nas primeiras páginas, lemos: "mesmo que o estranho não tenha nenhuma intenção hostil, mesmo que ele não represente nenhum perigo, é eliminado em virtude de sua alteridade" (Byung-Chul Han, 2017a: 9), o que faz pensar nas diversas metamorfoses (Ciampa, 1990) que vem sofrendo o conceito das relações humanas.

Atualmente, tem-se visto algumas questões mais contundentes sobre a surdez; por exemplo, a questão sobre se o indivíduo que tem a possibilidade da oralidade e o indivíduo que se comunica pela língua de sinais deveriam ser eliminados de sua alteridade, dependendo do posicionamento de quem fala.

Na teoria de Lévinas (2005), a alteridade existe sempre na relação com o outro. Talvez, essas teorias possam ajudar a entender a tamanha incoerência de entendimento de uma sociedade plural, onde um determinado sujeito busca no outro a confirmação de suas ideias e teorias e nega todas as formas que delas divergem.

Retomando as articulações entre a teoria de Byung-Chul em *Sociedade do cansaço* e o tema da surdez, partimos da citação anterior e ponderamos que, apesar de procurarmos resistir a sucumbir ao avanço tecnológico avassalador e às armadilhas da era digital, nos vemos redigindo este capítulo num equipamento de alta tecnologia, separadas apenas por uma tela, mas, fisicamente, a 30 km de distância uma da outra.

Portanto, seria um contrassenso negar qualquer tipo de avanço tecnológico. Mas a nova forma virtual de nos comunicarmos não foi a única coisa que mudou. Hoje, contamos com a precisão de novos diagnósticos na medicina, na engenharia e na astronomia, medidas que podem desde antecipar uma catástrofe até prover maneiras de lidar com a surdez. Vimos que os algoritmos muitas vezes atuam em nosso favor. Matemáticos como Galileu Galilei ou Charles Baddage foram personagens importantes na nossa história, porque, além da evolução tecnológica, a matemática nos trouxe um olhar diferente para o futuro. Com ela, evoluíram as ciências e as próprias pessoas. A expansão tecnológica colocou a possibilidade de se tratarem doenças antes desconhecidas e proporcionar a recuperação parcial ou total de movimentos, da visão e da audição, por exemplo.

E não apenas isso. A tecnologia também permite à pessoa surda fazer uma chamada de vídeo para uma consulta (Central de Intermediação em Libras – CIL), ou ouvir por meio de dispositivos auditivos. É verdade que não chega a normalizar a audição, mas ajuda a melhorá-la em muitos casos.

Mas, ainda assim, será o tema da surdez um tabu? A pergunta nos parece relevante. Procura-se proporcionar a todas as pessoas modelos que facilitem a compreensão da diversidade na perspectiva de um mundo em expansão. Sendo assim, é preciso quebrar o tabu da surdez, pois hoje o surdo tem mais chances de se comunicar, seja por meio da oralidade ou da comunicação em Libras. Em ambas as situações, há muitos indivíduos com desempenho brilhante.

Outra pergunta inquietante: como lidar com o avanço tecnológico relativo à surdez de forma produtiva e sem causar dissabores? De um lado, os algoritmos dos auxiliares de audição, como aparelhos de amplificação sonora individual (AASI) ou implantes cocleares (IC), estão cada vez mais sofisticados, permitindo uma audibilidade mais clara e um som mais confortável; de outro, cabe aos audiologistas aplicar as melhores práticas na programação desses dispositivos. Isso significa que, com o avanço da ciência e da tecnologia, os algoritmos vêm alcançando uma audibilidade promissora, mas não basta ouvir bem, é preciso entender o que se escuta. Para compreender sons ambientais, por exemplo, há que conhecê-los; para compreender falas, é preciso ser exposto à linguagem oral e aprender o significado dos sons, das palavras, das frases. Assim, escutar envolve um trabalho neuronal: a orelha recebe o som, mas o encéfalo é o responsável pela interpretação da informação sonora que recebe. Em suma, não adianta ouvir bem sem uma resposta ativa de neurônios, sinapses e neurotransmissores reagindo a uma entrada sonora (Cole e Flexer, 2020).

Essa teoria é bem explicada pela neurociência. Um encéfalo exposto a linguagem oral com significantes trocas conversacionais e repetições associadas ao uso diário de dispositivos durante todo tempo em que a pessoa estiver acordada pode, em muitos casos, melhorar a aquisição da linguagem oral (Flexer e Wolfe, 2020).

Na tentativa de responder à última pergunta proposta, podemos afirmar que o avanço tecnológico não é um "vilão", mas um protagonista da contemporaneidade. Nesses termos, passa a ser uma opção, uma escolha.

Em um outro ponto de vista, uma situação muito comum acontece quando as famílias, após o diagnóstico da surdez, buscam informações, apoio, consolo nas mídias sociais. E é neste momento que encontramos alguns desafios, pois ao buscarem nas mídias sociais informações sobre surdez, por exemplo, encontram visões diferentes e mesmo opostas. O uso de auxiliares da audição pode estar relacionado à busca da oralidade como negação da surdez. Mas o que afirmamos é que negar a surdez é impossível, justamente porque só usa um auxiliar da audição quem tem surdez.

Considerando toda a identidade surda da forma como se compreende, o uso da língua de sinais torna a pessoa surda diferente. Para a família, isso é um desafio, pois aprender uma língua nova requer também exposição e trocas conversacionais. Para uma família ouvinte, que representa 95% das que têm filhos surdos (Mitchell, Karchmer, 2004), essa opção vem por meio de muita pesquisa, conhecimento, desconstrução e construção de paradigmas. Um processo de imersão no universo da surdez.

Para algumas famílias, aprender um idioma novo parece ser um obstáculo conversacional. Nesse caso, ao descobrir a surdez do filho, logo nos primeiros meses após o nascimento ou mais tarde, a família inicia uma jornada em busca de respostas, e a primeira tentativa pode ser o recurso às mídias sociais e às redes sociais. Buscam-se grupos de apoio, orientações, redes colaborativas etc. Inicialmente, não há uma intenção de mapear especificamente o assunto surdez, mas apenas encontrar soluções imediatas e conforto. Um pai ou uma mãe passa a seguir um influenciador digital, ou seja, procura nas redes sociais a ideia de eliminar a dor do desconhecido, pois muitas vezes eles têm dificuldade de expressar o próprio sofrimento – "não sei lidar com o que não conheço".

Na busca desse conforto no coletivo, o conforto pessoal passa a ser um imperativo: há que suprimir a sensação de dor e sofrimento que sobrevém à descoberta da surdez. Mais uma vez, trata-se do medo do incerto, daquilo com que a pessoa não sabe como lidar.

Esse é um recorte do que vimos e ouvimos nos consultórios e locais onde trabalhamos. Quebrar um estigma é sair do conhecimento abstrato para se concretizar fisicamente numa realidade. Buscar validações do universo da surdez para uma pessoa com filho surdo requer etapas que avançam e retrocedem ao longo do processo de busca de conhecimento e leva um tempo que varia de família para família, de pessoa para pessoa. É um aprendizado constante, um processo que demanda revisar permanentemente as próprias convicções. Sendo assim, não se pode culpar os pais por eventuais decisões não muito bem elaboradas, sendo que muitas vezes eles próprios se tornam reféns dessas decisões.

Na teoria de Han, presente na obra *Sociedade do cansaço*, o autor defende a ideia da negatividade e da positividade. Na positividade, usaremos a frase de Baudrillard (1992), citado em Han (2017a: 15), que define o igual: "Quem vive do igual padece pelo igual". Ou seja, sem mudança, sem reação de opostos. Já na negatividade, dito simplificadamente, seria como se tivéssemos que fortalecer nosso mecanismo de defesa com a entrada de um estranho em nosso corpo, criando um anticorpo, isto é, uma reação diferente para reagir contra o que é igual. Na nossa analogia, seria criar uma reação do nosso pensar já estabelecido (*status quo*), ou um anticorpo. É como pensar em como se deve entender o diferente a partir da possibilidade de se permitir reagir ao diferente em ambas as vertentes da surdez.

Deve-se reconhecer a surdez como uma condição que não implica uma limitação intelectual, mas uma limitação relativa à comunicação, ou seja, existe a opção de aprender uma língua viso-espacial, a Língua Brasileira de Sinais (Libras), que permite ao surdo ter sua "voz" dita pelas mãos, ou a de recorrer a um AASI ou a um IC e aprender a ouvir e a falar. Evidentemente, tudo isso é possível: combinar ou não as duas vertentes ou usá-las isoladamente, uma em detrimento da outra; mas, em qualquer caso, "anticorpos mentais" devem ser criados; e, sim, pode-se afirmar com certeza que mudar implica em muito trabalho e dispêndio de energia física e psíquica.

No "polo positivo", seria apenas "o mesmo do mesmo", sem trabalho, sem esforço, quase poderíamos dizer sem guerra, sem conflito pessoal. Assim, quem pensa como "eu" ("o surdo deve ser assim...") entra na própria previsibilidade e nela se mantém, não dá chance para mudanças, é o mesmo do mesmo.

Han (2017a) alerta para o fato de que a atual sociedade ("do cansaço") está gastando sua energia num autoesgotamento, numa cobrança incessante de plenitude, eficiência e completude.

No tocante a esta última etapa do capitalismo financeiro, a visão do autor é a mesma tanto em *Sociedade do cansaço*, que metaforicamente tomamos como referência neste capítulo, quanto em *Sociedade da transparência* (Han, 2017b). Ambas trazem a ideia de que o espaço da comunicação daria o espaço da liberdade, mas ele reforça que a liberdade se tornou espaço de controle, ou seja, é apenas uma sensação de liberdade. Assim, o que encontramos nos espaços de comunicação das mídias sociais atualmente numa pequena busca sobre surdez, Libras e auxiliares da audição passam a ser a "lei" de uma liberdade perversa de controle do próprio surdo.

Han (2017b) menciona o tormento da criatura humana, que, na sua linguagem solitária e lírica, anseia pela comunidade, o que é muito oportuno se pensarmos no quanto ecoa a fala solitária de um internauta se apoiando da opinião do influenciador que tem um maior número de seguidores.

O autor se refere, ainda, a uma crise de identidade mundial, igualmente aplicável ao consumo de informações. Ao ver sociedade do cansaço também como sociedade do desempenho, ele denuncia um desempenho sem empenho, imposto pelo "ter que ser", ter um bom desempenho, ter que saber de tudo, ter que opinar e, mais que isso, ter que se posicionar, o que implica um posicionamento diante de si mesmo, uma cobrança, gerando conflitos identitários. Naturalmente, conflitos geram conflitos, e isso leva a um cansaço.

Uma ideia do autor que nos cala fundo é de que há um cansaço solitário, um esgotamento devido à própria cobrança de desempenho. Muitas pessoas padecem de um enfrentamento maçante, dominante e dominador; eternos itinerantes buscando a melhor rota para seu conforto e conhecimento. Analogamente, pais buscam desempenhar suas ações e narrativas justificando suas decisões sem escapar de conflitos identitários. Pensemos então que cada indivíduo tem sua história e que suas narrativas se emaranham entre o que ele está olhando – o filho surdo – e o que está realmente sendo olhado – a surdez na sua diferença.

Na mesma perspectiva, outro autor contemporâneo, o israelense Yuval Noah Harari (2020), questiona a relatividade da tal felicidade para além dos parâmetros habitualmente considerados para definir qualidade de vida. Algumas famílias ouvintes com filho surdo buscam nas redes sociais uma felicidade plena, um bem comum, o senso comum. Conquistam um certo conforto e ficam felizes imaginando que suas decisões estariam proporcionando a felicidade plena ao filho. É uma necessidade emergente. Sabemos que a felicidade é uma aspiração legítima do ser humano, mas buscá-la não pode ser um imperativo, e sim uma consequência de boas intenções.

O autor cita que "a cultura tende a argumentar que proíbe apenas o que não é natural. Mas, de uma perspectiva biológica, não existe nada que não seja natural. Tudo o que é possível é, por definição, também natural" (Harari, 2020: 126). Assim, poderíamos seguir com a ideia de que aprender uma língua nova, Libras, seria tão natural como aceitar o avanço tecnológico que beneficia a audição. De qualquer forma, terminaremos nossa narrativa com a frase de Harari (2020: 126): "Não há como escapar à ordem imaginada. Quando derrubamos os muros da nossa prisão e corremos para a liberdade, estamos, na verdade, correndo para o pátio mais espaçoso de uma prisão maior".

E como poderíamos ver uma sociedade contemporânea menos perversa?

Sem dúvida, é um sonho, mas a resposta deve partir de cada um de nós. Se os algoritmos afetaram nossa vida, façamos deles aliados, e não inimigos. Que nosso conhecimento possa ser nossa ferramenta de troca.

Que nossa consciência humana, contaminada pelos vastos arquivos de uma vida plena de experiência, engendre em aprendizado. Que a informação se transforme em sabedoria.

Utopia? Não. Simples mudança de estilo.

Referências

BAUDRILLARD, J. *Transparenz des Bösen:* ein Essay über extreme Phänomene. Berlin: Marve-Verlag, 1992.

BIRMAN, J. *Mal-estar na atualidade:* a psicanálise e as novas formas de subjetivação. 6. ed. Rio de Janeiro: Civilização Brasileira, 2007.

CIAMPA, A. C. *A estória do Severino e a história da Severina.* São Paulo: Editora Brasiliense, 1990.

COLER, E. B.; FLEXER, C. *Children with Hearing Loss:* Developing and Talking Birth to Six. 4 ed. San Diego: Plural Publishing, 2020.

DEBORD, G. *A sociedade do espetáculo.* 2003. Disponível em: <https://www.marxists.org/portugues/debord/1967/11/sociedade.pdf>. Acesso em: 14 set. 2023.

FLEXER, C.; WOLFE, J. Auditory Brain Development and Auditory Verbal Therapy. In: ESTABROOKS, W.; MAORRISON, H.M.; MACLVER-LUX, K. *Auditory-Verbal Therapy*: Science, Research and Practice. San Diego: Plural Publishing, 2020.

GOFFMAN, E. *Estigma:* notas sobre a manipulação da identidade deteriorada. Rio de Janeiro: Editora LTC, 1988.

GUSMÃO, N. *Diversidade, cultura e educação:* olhares cruzados. Digitaliza Conteudo, 2023. Disponível em: <https://books.google.com.br/books?hl=pt-BR&lr=&id=Dxa8EAAAQBAJ&oi=fnd&pg=PA4&dq=diversidade+conceito&ots=Ejt2a_x-3C&sig=JuZ2no450N4-FiqMZUF6Rj7jOxg#v=onepage&q=diversidade%20conceito&f=false>. Acesso em: 14 set. 2023.

HAN, BYUNG-CHUL. *Sociedade do cansaço.* 2. ed. ampliada. Petrópolis: Ed. Vozes, 2017a.

HAN, BYUNG-CHUL. *Sociedade da transparência.* Trad. Enio Giachini. Petrópolis: Vozes, 2017b.

HARARI, Y. N. *Sapiens:* uma breve história da humanidade. 1. ed. Trad. Jorio Dauster. São Paulo: Companhia das Letras, 2020.

LÉVINAS, E. *Entre nós.* Ensaios sobre a alteridade. 2 ed. Petrópolis: Vozes, 2005.

MITCHELL, R. E.; KARCHMER, M. A. Chasing the Mythical Ten Percent: Parentalhearing Status of Deaf and Hard of Hearing Students in the United States. *Sign Language Studies*, 4(2), 2004, pp. 138-63.

SASSAKI, R. K. Inclusão: acessibilidade no lazer, trabalho e educação. *Revista Nacional de Reabilitação (Reação)*. São Paulo, ano XII, mar./abr. 2009, pp. 10-6.

SAWAIA, B. *As artimanhas da exclusão:* análise psicossocial e ética da desigualdade social. Petrópolis, RJ, Vozes, 1999.

A LIBRAS NA ÁREA DA SAÚDE

Priscila Amorim Silva
Nubia Garcia Vianna
Mariana Isaac Campos

SAÚDE: DIREITO PARA QUEM?

Saúde é direito de todos, e é dever do Estado brasileiro assegurá-la, conforme a Constituição de 1988. Mas, para o falante da Língua Brasileira de Sinais (Libras), o direito está assegurado?

Apesar da legislação, o que vemos é a falta de informação para que os pais possam optar pela aquisição da Libras como primeira língua de seus filhos surdos.

A partir da história de Mariana Campos, uma das autoras, relatos de uma de vida marcada por situações em atendimento na saúde são apresentados. Seu processo terapêutico foi positivo até a sua adolescência, sendo a terapia fonoaudiológica um privilégio para a aquisição da Língua de Sinais, dando as condições básicas para o aprendizado da escrita da língua portuguesa. Sua trajetória mudou ao se tornar adulta, quando vivenciou experiências dramáticas que apontaram barreiras de acessibilidade linguística com as quais se depara até hoje.

A história de Mariana não é a regra, mas ajuda a problematizar pontos nevrálgicos da Libras na área da saúde, principalmente no trabalho terapêutico com crianças surdas e no acesso aos serviços, que falham nesse sentido, como as reflexões que aparecem nessa história.

DA SUSPEITA À CONFIRMAÇÃO DA SURDEZ

"Ribeirão Preto, 1981. Eu, Mariana Campos, nasci surda devido à rubéola congênita, e a surdez foi percebida cedo, confirmada aos 11 meses de vida. Minha mãe, pediatra, sabia a possibilidade da surdez, e minha chegada representou um desafio para família. Talvez o conhecimento do tema tenha facilitado a aceitação de um bebê surdo, sendo eu bem acolhida. O aborto, comum na época por mulheres que tinham rubéola na gestação, nem foi cogitado. Mas não foi fácil. Meu tio, médico otorrino, e minha mãe acompanhavam meu desenvolvimento. Tinham a informação de que a especialidade de Foniatria era indicada em casos como o meu, e minha família, preocupada com meu futuro, me levou a um foniatra em São Paulo. Nessa época, minha mãe tomou uma decisão: mudou de área, trocando a pediatria pela otorrinolaringologia, para me acompanhar de perto. Ela pesquisou e mergulhou fundo no universo da surdez para descobrir qual seria o melhor caminho para educar uma filha surda, até se deparar com um evento em São Paulo, em 1983, sobre *comunicação total*. Nessa altura, estava convencida dos benefícios da língua de sinais para meu desenvolvimento, associado a ferramentas que utilizavam outras vias sensoriais. Dessa forma, ela incentivou a fonoaudióloga, que me acompanhava desde os 11 meses, em Ribeirão Preto, a fazer um curso sobre comunicação total e aprender a língua de sinais, para que pudesse me ensinar no trabalho terapêutico. Ainda não existia toda a legislação que há hoje em defesa dos direitos das pessoas surdas, tampouco a Libras havia sido reconhecida como meio legal de comunicação e expressão. A sociedade também não aceitava a Libras, assim como boa parte dos profissionais que atuava na reabilitação. Foi graças a essa fonoaudióloga que desenvolvi a linguagem no tempo adequado."

No início de 1980, o país vivia uma fase epidemiológica com altas taxas de incidência de doenças infectocontagiosas e o aumento de doenças crônicas não transmissíveis. A rubéola e a síndrome da rubéola congênita eram doenças que assolavam o país.

Nos anos de 1990, no início do SUS, a rubéola mobilizou o governo, que iniciou, em 1992, a campanha de vacinação contra a doença, imunizando crianças com 15 meses de vida, reduzindo para 12 meses dez anos depois. Entre 1998 e 2002, a vacinação foi em mulheres em idade fértil, alcançando 95% delas. Em 2002, registrou-se queda de 90% dos casos em comparação a 1997 (Brasil, [s.d.]).

A vacinação contra a rubéola reduziu os casos de perda auditiva em recém-nascidos, mas muitas crianças nasceram com surdez congênita, como Mariana. Nem todas tiveram a perda auditiva detectada cedo, dificultando o diagnóstico e a intervenção, já que a perda auditiva podia gerar problemas não associados.

Até 2000, era preciso adotar medidas para detecção de perda auditiva em recém-nascidos. Foi em 2010 que, por meio da Lei Federal nº 12.303/2010, todas as maternidades brasileiras foram obrigadas a realizar o exame de emissões otoacústicas (EOA), o Teste da Orelhinha, principal exame que compõe a Triagem Auditiva Neonatal (TAN).

Desde a promulgação da Lei 12.303/2010, a cobertura de TAN cresceu gradativamente no país. De 2008 a 2015, a cobertura evoluiu de 9,3% para 37,2% (Paschoal, Cavalcanti e Ferreira, 2017) e, de 2012 a 2018, de 24,1% para 67,6% (Oliveira, Dutra e Cavalcanti, 2021). Apesar do aumento, ainda está aquém dos 95% recomendado pelas Diretrizes de Atenção da Triagem Auditiva Neonatal do Ministério da Saúde.

A TAN também conta com a realização do Potencial Evocado Auditivo de Tronco Encefálico (PEATE), usado em recém-nascidos com risco para perda auditiva ou nos que não passam no Teste; porém é mais comum, como apontam Vianna, Lima e Andrade (2020), a presença exclusiva do equipamento de EOA nas maternidades porque é obrigatório.

Esse Programa de Saúde Auditiva visa a investigação e a intervenção em neonatos cujo indicativo de perda auditiva é detectado das primeiras horas do nascimento até o primeiro mês de vida. Caso o bebê não passe na triagem, avaliações mais detalhadas são feitas para investigação.

A chegada de um bebê coloca a mãe em uma nova experiência; por isso, é importante que ela entenda esse papel e compreenda o lugar do bebê em sua vida. Já nesse início existe a triagem, e, quando o resultado é inconclusivo para a audição, o fonoaudiólogo solicita o retorno para refazer o teste.

Quando o reteste aponta a possível surdez, o profissional informa o resultado e realiza um trabalho de orientação à família, que passa pela informação de novos exames para confirmação ou não da perda auditiva. Além disso, o profissional informa também sobre a função da audição, suas implicações no desenvolvimento infantil, nas relações humanas e as consequências na vida da criança.

É importante o profissional ter conhecimento sobre o que é fala, linguagem, língua e discursividade, já que impactam na orientação e nas decisões que a família tomará caso se confirme a perda auditiva (Silva, 2001).

O resultado da triagem tem que estar na caderneta de saúde da criança, para monitorar o processo do começo ao fim. Esse trabalho integrado é fundamental para a rápida detecção e intervenção. Os exames audiológicos confirmam a surdez, trazendo dúvidas e angústias sobre a criança surda. De acordo com Silva (2001), a surdez pode provocar na mãe e na família impactos que afetarão as relações pelas dificuldades em compartilhar a mesma língua.

A ESCOLHA DA LIBRAS NO TRABALHO TERAPÊUTICO COM A CRIANÇA SURDA

Procedimentos médicos e terapêuticos demandam decisões a partir de muitas informações em pouco tempo. A equipe precisa ser sensível à conscientização familiar, para que as práticas realizadas atendam a criança.

Com a confirmação da perda auditiva do bebê, observamos que são adotadas medidas protocolares: indicação de aparelhos auditivos e/ou cirurgia do implante coclear e avaliação e terapia de fala com fonoaudiólogos. A mensagem aos pais é que todos os esforços serão feitos para que a criança fale, uma mensagem das práticas oralistas, de acordo com o regime de verdade sobre a surdez denominado médico-terapêutico, em que a surdez é vista como uma deficiência que precisa ser corrigida, sendo tomadas as medidas necessárias para restaurar a normalidade (Carvalho e Martins, 2016).

Não há tecnologia no mundo que assegure a fala a todas as crianças. Algumas terão condições de desenvolver a oralidade e outras não, mesmo tendo acesso.

Para que o bebê surdo tenha garantido o seu desenvolvimento linguístico e estabeleça uma relação harmoniosa com seus pais ouvintes e com a sociedade, em sua maioria de ouvintes, Silva (2001) sugere a aquisição da língua de sinais como primeira língua (L1), ou seja, o direito ao uso da Libras, que possibilitará à criança surda o desenvolvimento de suas habilidades linguísticas, a aquisição do conhecimento e a imersão no fluxo das interações sociais, fornecendo subsídios para o aprendizado do português do Brasil como segunda língua (L2), a da comunidade majoritária, na sua modalidade oral e/ou escrita.

Ao contrário da primeira língua, a segunda não se constituirá naturalmente para a criança surda porque não será introduzida no fluxo da linguagem – assim, a criança terá que experienciar um processo longo de aprendizado dessa segunda língua, o que pressupõe um esforço contínuo que demandará intervenção e se configurará num aprendizado sistemático e/ou formal, conforme Silva (2001).

Essa compreensão sobre surdez surgiu como um contraponto ao regime de verdade médico-terapêutico a partir de inúmeras pesquisas que evidenciaram resultados insuficientes da concepção oral no desenvolvimento da fala, da leitura e da escrita, como os estudos comparativos entre crianças surdas, filhas de pais ouvintes, e crianças surdas, filhas de pais surdos. Esses estudos mostraram que os filhos de pais surdos apresentavam melhor desempenho acadêmico justamente por possuírem uma língua adquirida no convívio familiar, antes mesmo de ingressar na escola (Moura, Lodi e Harrison, 2013).

Várias pesquisas tiveram como foco a afirmação de que sinais são língua e que pessoas surdas possuem uma história e uma cultura específica, combatendo a ideia de que ouvintes são superiores aos surdos (Rodríguez-Martín, 2016).

Essas pesquisas questionaram a soberania das práticas oralistas e foram decisivas no surgimento da nova visão sobre a surdez: a socioantropológica. Assim, surgiram outras abordagens no trabalho com crianças surdas, sendo a comunicação total a primeira delas, cuja filosofia era a possibilidade de usar toda forma de comunicação com a criança surda. O problema foi que a oralidade continuou sendo o foco do trabalho, que combinava a fala com o uso dos sinais, a comunicação bimodal (Moura; Lodi; Harrison, 2013).

Conforme Mariana, essa transformação aparece desde criança:

> "Dos 12 meses aos 7 anos, tentei usar aparelhos auditivos, mas de forma assistemática, porque não os tolerava. O barulho sempre me incomodou, afinal tenho perda auditiva profunda bilateral. Era desconfortável, o que afetava minha atenção nas aulas, e o aparelho auditivo atrapalhava muito. Não existia a tecnologia de hoje. O implante coclear surgiu no Brasil depois que eu já tinha iniciado o meu processo de reabilitação e nunca foi algo cogitado. Sei que hoje os aparelhos auditivos são mais modernos e com boa tecnologia, mas que, para surdos com perda auditiva severa ou profunda, ainda possuem limitações. Fui acompanhada pela fonoaudióloga desde os 12 meses até os 17 anos, passando por várias abordagens terapêuticas: oralismo, comunicação total e bilinguismo. Era lá, com a fonoaudióloga, que me sentia à vontade me comunicando em Libras, onde podia ser eu mesma, apesar das obrigações para aprender a falar e a escrever. Eu dominava a leitura labial, mas não conseguia oralizar como ouvinte e, além disso, tinha uma grande barreira de comunicação com eles."

A história de Mariana mostra diferentes abordagens com crianças surdas e, também, as transformações por que passou a fonoaudióloga que a atendeu durante a infância e a adolescência, que se envolveu muito no assunto e considerou a importância de incluir a Libras em suas sessões, direcionando a aquisição e desenvolvimento de linguagem para além da fala. Segundo Silva (2001), o fonoaudiólogo teve a possibilidade de repensar sua concepção de linguagem e ultrapassar a ideia de que o trabalho com o surdo se restringia aos aspectos metalinguísticos, passando a privilegiar as interações entre os interlocutores e a forma como são constituídas as práticas enunciativas e discursivas da linguagem.

Quando Mariana nasceu, o oralismo era praticamente a única proposta que existia. Nos anos 1980, a comunicação total foi introduzida no Brasil, ganhando adeptos como sua mãe e sua fonoaudióloga, que acompanharam as discussões sobre o tema e concluíram que o bilinguismo seria o caminho.

É incomum uma mãe que opte pela língua de sinais desde tão cedo. Para a maioria de pais ouvintes, medidas reparadoras parecem a melhor opção, porque eles se pautam por uma norma ouvinte. Questiona-se aqui se os pais recebem informações completas sobre a surdez, sobre tecnologias existentes, os possíveis êxitos e fracassos, as abordagens a serem adotadas com a criança surda e as modalidades de ensino escolar.

A mãe de Mariana adentra no mundo da surdez e se mune de informações, optando por abordagens que lhe pareciam mais apropriadas, mesmo que a fonoaudióloga tivesse outra linha de trabalho. É a mãe quem a convence a conhecer a comunicação total e a língua de sinais. O fato de essa escolha e o trabalho a ser desenvolvido com Mariana terem sido feitos em conjunto com a mãe frisa a importância da participação da família. Em geral, apesar de as escolhas terem que ser da família, na prática, ela é levada a aderir às decisões tomadas pelos profissionais da saúde.

No SUS ainda não houve uma densa discussão sobre a Libras no processo terapêutico com a criança surda. A Política Pública de Saúde – Rede de Cuidados à Pessoa com Deficiência, que contempla as pessoas com deficiência auditiva, não aprofundou o debate do tema, mas avançou ao inserir no Instrutivo de Reabilitação Auditiva, Física, Intelectual e Visual a necessidade de a equipe profissional, junto com a família, avaliar a inclusão da língua de sinais no processo terapêutico.

Vianna, Andrade e Lemos (2022) abriram a discussão ao descobrirem que, nas origens das primeiras ações e políticas voltadas à pessoa com deficiência auditiva, a assessoria do Ministério da Saúde era composta por pessoas contrárias à Língua de Sinais.

Assim, o avanço no Sistema Público foi para a oferta de aparelhos auditivos, realização de cirurgia de implante coclear e outras tecnologias, iniciativa positiva do SUS, pois é direito da população escolher os equipamentos, assim como deveria ser a escolha da Libras nos processos terapêuticos das crianças surdas.

Os pais devem ter acesso às informações completas sobre as possibilidades de trabalho possíveis com seu filho surdo. Vianna, Andrade e Lemos (2022) sugerem que sejam criados espaços de escuta e de diálogo para conhecer as pessoas e suas demandas, indo ao encontro do usuário de forma menos prescritiva, atentos para que a Rede de Cuidados à Pessoa com Deficiência não se transforme em Rede de Reabilitação.

A FALTA DE ACESSIBILIDADE LINGUÍSTICA NA ÁREA DA SAÚDE

Os usuários da Libras se deparam com inúmeras barreiras, comunicacionais e linguísticas, que limitam ou impedem o exercício de direitos fundamentais. Comunicar-se em sua língua é um direito das pessoas surdas garantido pela Legislação, mas ainda é uma realidade bastante distante. Mariana conta, a seguir, algumas histórias dramáticas no uso de serviços de saúde:

> "Antes de ser surda, sou uma pessoa que usa serviços para além dos voltados à minha perda auditiva. Vou ao ginecologista, faço consultas de rotina, vou ao pronto-socorro, levo meu filho ao pediatra, enfim, como acontece com qualquer ser humano. Parece óbvio, mas muitas vezes penso que não é, porque os profissionais e os serviços não estão preparados para me receber. Quando vou a uma consulta, a primeira coisa que faço é alertar a equipe da recepção de que sou surda. Porém, é o mesmo que nada. Sempre esquecem e me chamam em voz alta: "Mariana". Eu não atendo o profissional porque não ouvi. Quando finalmente sou atendida, tempos depois de terem me feito esperar além do normal, aviso ao médico, ou qualquer outro, que sou surda e não escuto nada. Digo que leio os lábios e que, se não me entenderem, é para escreverem para melhorar a comunicação, pois eu entendo bem o português. Noto que eles ficam atrapalhados e têm muita dificuldade de me entender. Uma das experiências mais difíceis foi quando fui internada para ter o meu filho por cesárea. Não me deixaram entrar com uma intérprete de Libras. Deram-me duas opções: ou entrava com meu marido ou com minha irmã, que é ouvinte e poderia ajudar na comunicação em Libras naquele momento. Fiquei extremamente dividida, confusa. Por que me colocavam naquela situação de ter que escolher? Não parecia justo comigo nem com meu marido, que também é surdo. Meu marido entrou e ficamos sem comunicação, sem informação. Era a minha primeira experiência como gestante. Não fazia a menor ideia de como seria, como funcionava lá dentro da sala de cirurgia. De repente, aplicaram soro na veia e vi meus braços e mãos presos, sem poder sinalizar. Entendi que era protocolo anestésico, mas tive muito medo de não conseguir me comunicar. E se algo acontecesse comigo? Iria doer? Teria alergia a algum medicamento? O que poderia acontecer comigo por eu não poder me comunicar? Entrei em pânico! Pensava em brigar, reclamar pela falta de acessibilidade, em reivindicar meus direitos enquanto pessoa surda, mas pensava: "e se isso prejudicar o bebê?" Calei-me e, felizmente, correu tudo bem. Se hoje eu tivesse um segundo parto faria muita coisa diferente. Minha primeira experiência como parturiente foi muito traumatizante. Hoje, eu me organizaria melhor quanto aos meus direitos. Lutaria para que houvesse a presença de intérprete de Libras, já combinaria que não autorizaria que meus braços ficassem amarrados, mas, sim, livres para que eu pudesse me comunicar."

A preocupação em relação à contaminação em cirurgias fez com que a amarração das mãos da parturiente fosse inserida nos protocolos cirúrgicos. Atualmente, apesar de essa prática ainda existir, sabe-se que, com a mudança na administração da quantidade de anestesia durante a cesariana, os riscos da contaminação involuntária diminuem. As discussões sobre violência obstétrica mostram a necessidade de uso de aparelhos que monitoram a condição de saúde no parto, mas é possível humanizá-lo e abolir a prática de amarração dos braços, bem como fornecer mais informações à mulher e ao acompanhante e permitir que o bebê seja acolhido nos braços da mãe e amamentado ao nascer (Lopes, 2018).

A Lei Federal 11.108, de 7 de abril de 2005, em seu artigo 19º, garante que: "os serviços de saúde do Sistema Único de Saúde – SUS, da rede própria ou conveniada, ficam obrigados a permitir a presença, junto à parturiente, de um acompanhante durante todo o período de trabalho de parto, o parto e pós-parto imediato". Para a parturiente e o acompanhante deve ser assegurado o acolhimento em todo o processo que envolve o nascimento do bebê, desde exames clínicos, esclarecimento de dúvidas, avaliação e monitoramento da gestação, até um ambiente seguro, calmo e privativo para o parto.

Além do acompanhante, durante o parto, a mulher surda deveria ter um intérprete de Libras – é urgente que ela tenha garantido o direito de vivenciar esse processo como a mulher ouvinte. Essa violação de direito revela o distanciamento entre o ideal e a triste realidade da mulher surda.

Quando as barreiras linguísticas, comunicacionais e atitudinais se expressam na área da saúde, o direito à saúde está ameaçado. Qualquer prática é difícil quando profissional e usuário têm línguas diferentes, como é o caso da relação profissional-ouvinte X usuário-surdo (Vianna, Andrade e Lemos, 2022).

A Lei da Libras apontou, em 2002, com o Decreto 5.626, que as instituições de assistência à saúde devem garantir atendimento e tratamento adequados aos surdos, por profissionais capacitados no uso de Libras ou para sua tradução e interpretação.

Ao tornar-se signatário da Convenção dos Direitos sobre as Pessoas com Deficiência, o Brasil comprometeu-se em ofertar intérpretes profissionais de Libras como uma das maneiras de garantir igualdade no acesso, a instalações e serviços de uso público, como é o caso da saúde. A Lei Brasileira de Inclusão reforçou o dever do poder público em garantir acessibilidade linguística e comunicacional aos surdos.

Apesar de a legislação ser taxativa, Pereira et al. (2020) afirmam que nos serviços públicos os funcionários não estão preparados para atender a pessoa surda, gerando falta de comunicação e insatisfação, já que também há a falta de intérpretes nos locais, dificultando ainda mais o acesso.

Para amenizar problemas dessa natureza, é necessário que os profissionais de Saúde saibam Libras, para que os atendimentos aconteçam sem a necessidade de intérpretes. Esse aprendizado deve se dar nos primeiros anos de formação, e devem ocorrer mais investimentos em ações de educação permanente dos profissionais que já atuam na área.

Ao longo dos anos do SUS, foram criadas políticas para as pessoas com deficiência, inclusive a auditiva, porém nunca entraram de fato no sistema. A mais recente política de saúde, a Rede de Cuidados à Pessoa com Deficiência, não foi exceção, restringindo-se a uma política que visa aplicar uma norma ouvinte, por meio de práticas de reabilitação que levem a falar e a ouvir (Vianna, Andrade e Lemos, 2022).

O Governo Federal, de 2011 a 2014, implantou o Plano Viver sem Limite, cujo objetivo era promover o exercício pleno e equitativo dos direitos das pessoas com deficiência, por meio da integração e da articulação de políticas, programas e ações, sendo uma delas a criação das Centrais de Interpretação de Libras (CIL), serviços que oferecem intérpretes de Libras para acompanhar pessoas surdas a serviços públicos, garantindo acessibilidade linguística e comunicacional.

* * *

No Brasil, os direitos das pessoas surdas já estão contemplados na legislação, o problema está em colocá-los em prática, de forma adequada, justa e inclusiva, em suas diversas leis.

É preciso haver mudanças na saúde para o atendimento bilíngue, como o fluxograma nacional da Atenção à Saúde Auditiva do SUS, para que bebês e crianças surdas possam ter como opção a aquisição da língua de sinais e para que suas famílias também possam aprender.

São tantos os riscos e as agonias que os surdos enfrentam, especialmente na esfera da saúde, ao serem expostos a profissionais despreparados para atendê-los, que é urgente despender atenção à formação, ao conhecimento e à consciência para o atendimento clínico acessível, evitando estresse, perda de vidas surdas e prejuízo à saúde delas.

Referências

BRASIL. Campanha de vacinação contra a rubéola. *Revista da Vacina*. Ministério da Saúde, [s.d.]. Disponível em: http://www.ccms.saude.gov.br/revolta/campanha5.html. Acesso em: 15 fev. 2023.

CARVALHO, Alexandre Filordi de; MARTINS, Vanessa Regina de Oliveira. Anunciação e insurreição da diferença surda: contra-ações na biopolítica da educação bilíngue. *Childhood & Philosophy*. Rio de Janeiro, v. 12, n. 24, 2016, pp. 391-415.

LOPES, Daniela. Liberdade de movimentos durante o parto. *Casa da Doula*. 17 out. 2018. Disponível em: <https://blog.casadadoula.com.br/parto-normal/liberdade-de-movimentos-durante-o-parto/>. Acesso em: 15 fev. 2023.

MOURA, Maria Cecilia de; LODI, Ana Claudia Balieiro; HARRISON, Kathryn Marie Pacheco. O surdo na história: da antiguidade ao século XXI. In: LOPES FILHO, Otacilio (ed.). *Novo tratado de fonoaudiologia*. 3. ed. Barueri: Manole, 2013, pp. 289-307.

OLIVEIRA, Thalita da Silva; DUTRA, Monique Ramos Paschoal; CAVALCANTI, Hannalice Gottschalck. Triagem auditiva neonatal: associação entre a cobertura, oferta de fonoaudiólogos e equipamentos no Brasil. *CoDAS*. São Paulo, v. 33, n. 2, 2021, e20190259. Disponível em: <https://doi.org/10.1590/2317-1782/20202019259>. Acesso em: 14 set. 2023.

PASCHOAL, Monique Ramos; CAVALCANTI, Hannalice Gottschalck; FERREIRA, Maria Ângela Fernandes. Análise espacial e temporal da cobertura da triagem auditiva neonatal no Brasil (2008-2015). *Ciência & Saúde Coletiva*. Rio de Janeiro, v. 22, n. 11, 2017, pp. 3.615-24. Disponível em: <https://doi.org/10.1590/1413-812320172211.21452016>. Acesso em: 14 set. 2023.

PEREIRA, Adriano de Souza et al. O conhecimento da Guarda Municipal de Curitiba a respeito da Língua Brasileira de Sinais (Libras), da surdez e do surdo. *CoDAS*. São Paulo, v. 32, n. 4, 2020, e20190039. Disponível em: <https://doi.org/10.1590/2317-1782/20202019039>. Acesso em: 14 set. 2023.

RODRÍGUEZ-MARTÍN, Dolores. *¿Discapacitado? No, ¡Sordo!*: la creación de la identidad sorda, su formulación como comunidad diferenciada y sus condiciones de accesibilidad al sistema de salud. Barcelona, 2016. Tesis (Doctorat en Antropología Social i Cultural) – Universidad Autònoma de Barcelona.

SILVA, Priscila Mara Ventura Amorim. *Sujeito surdo ou deficiente auditivo*: o que determina a opção do fonoaudiólogo? São Paulo, 2001. Dissertação (Mestrado em Fonoaudiologia) – Pontifícia Universidade Católica de São Paulo.

VIANNA, Nubia Garcia; LIMA, Maria Cecilia Marconi Pinheiro; ANDRADE, Maria da Graça Garcia. Itinerário terapêutico da criança surda na rede de atenção à saúde. *Distúrbios da Comunicação*. Campinas, v. 32, n. 1, 2020, pp. 73-86.

VIANNA, Nubia Garcia; ANDRADE, Maria da Graça Garcia; LEMOS, Flávia Cristina Silveira. Pesquisa histórico-documental com a arqueogenealogia: política nacional de saúde para pessoas com surdez. In: LEMOS, F. C. S. et al. (org.). *Encontros de Michel Foucault com Gilles Deleuze e Félix Guattari*: governamentalidades, arqueogenealogias e cartografias. Curitiba: Ed. CRV, 2022, pp. 699-723.

LIBRAS, SURDOS E INTERSECCIONALIDADES

Nanci Araújo Bento
Shirley Vilhalva

A teoria da interseccionalidade nos permite observar, dissecar e fornecer caminhos para as possíveis transformações sociais, bem como um novo olhar para as identidades dos povos indígenas[1] surdos e negros surdos do Brasil, objetos de nossas indagações a partir de experiências acadêmicas e pedagógicas vivenciadas na nossa prática diária.

As reflexões aqui propostas corroboram a necessidade de ampliarmos a lente dos Estudos Surdos, sobretudo a respeito do hiato epistêmico em relação à pauta dos indígenas e negros surdos brasileiros, pelo viés da perspectiva interseccional. Nesse sentido, buscamos refletir a respeito dos pressupostos teóricos da interseccionalidade concernentes aos atravessamentos que envolvem as comunidades surdas indígenas e negras no Brasil, a partir de fundamentos e reflexões respaldados na revisão bibliográfica sobre a teoria da interseccionalidade em Collins (2018; 2022); Collins e Bilge (2021) e Akotirene (2021), além dos estudos sobre povos indígenas surdos de Vilhava (2009) e dos povos negros surdos, de Pereira e Pereira (2013), Ferreira (2018), Santos e Fernandes (2021) e Brito e Souza (2022).

Após anos de luta das comunidades surdas, percebe-se uma lenta, mas constante evolução quanto ao reconhecimento das especificidades linguísticas e culturais dos surdos brasileiros, refletida na promulgação de diferentes documentos legais que ressaltam a política linguística, as identidades e as culturas surdas. A partir do reconhecimento da Língua Brasileira de Sinais – Libras como meio legal de comunicação e expressão pela Lei nº 10.436/2002, e sua respectiva regulamentação pelo Decreto nº 5.626/2005, importantes ações foram implementadas em função desse marco legal de reconhecimento linguístico das comunidades surdas. A disciplina Libras passou, então, a ser componente curricular obrigatório nos cursos de formação de professores para o exercício do magistério, em nível médio e superior, bem como nos cursos de Fonoaudiologia de instituições de ensino públicas e privadas, do sistema federal de ensino e dos sistemas de ensino dos estados, do Distrito Federal e dos municípios, além de constituir-se como disciplina curricular optativa nos demais cursos de educação superior e na educação profissional.

Contudo, embora a legislação tenha contribuído para as discussões acerca das especificidades linguísticas, acessibilidade e inclusão dos povos surdos no Brasil, é relevante salientar que as pesquisas acadêmicas dificilmente se ocupam em analisar assuntos relacionados a povos surdos mais específicos, a exemplo dos indígenas e negros. Apesar de estarmos em pleno século XXI, a pauta sobre a educação indígena ainda é escassa no cenário educacional brasileiro, e isso fica ainda mais restrito quando cruzamos com o aspecto dos estudos sobre a surdez e língua de sinais. Sob essa mesma ótica, Santos e Fernandes (2021) analisam a situação de vulnerabilidade linguística e racismo estrutural que os negros surdos enfrentam no sistema público educacional, também com resultados preocupantes.

Dessa maneira, trazemos à baila a necessidade de se (re)pensar os aspectos multiculturais surdos que vão além de aspectos linguísticos. A pauta da interconexão entre gênero, raça e classe é tema epistêmico negligenciado no campo dos estudos culturais Surdos. Com isso, propomos que, pelo viés interseccional, haja a possibilidade de verificar a interação múltipla de poder e de opressão enfrentados pelos povos indígenas surdos e negros surdos brasileiros, pauta de reflexão de nossas próprias vivências na academia – nós, professoras, respectivamente, mulher negra, ouvinte, bilíngue, ativista; e mulher indígena surda, ambas mulheres professoras universitárias e com vivências nas comunidades surdas, mulheres-vida.

Vida, vida indígena, vida negra, vida texto. Uma vivência que paira no ar, seja ela criada na rua, em casa, na aldeia, na escola ou na universidade! Seja ela como filha, mãe, professora, pesquisadora, mulher indígena, mulher negra, ouvinte ou surda. Ativistas, professoras universitárias! Que carregam dias e anos de sala de aula da educação infantil, do ensino fundamental e médio, seja nas escolas de ouvintes ou de surdos. Mulheres que correm pelas ruas nas militâncias em eventos sobre a diversidade plural e linguística para surdos. Vivências que entrelaçam pesquisas, angústias, indagações. Escrevivências[2] de mulher negra, bilíngue (português/Libras) e mulher indígena surda do território urbano brasileiro, que sonha com um território indígena com proteção universal. Sonhos que estão espalhados nas aldeias com as Línguas de Sinais Indígenas (LSI); o encontro com seus pares dentro do território vem se tornando realidade.

Ao afirmarmos que é necessário julgar o assunto da interseccionalidade, indicamos que ele deve ser plenamente discutido e entendido, e não escondido, relegado pela academia e pelo Estado; antes, que se deve aplicar seus pressupostos às identidades dos sujeitos surdos, negros surdos, indígenas surdos e todos somados, como ser surdocego. Diante de todas as experiências vividas, acreditamos termos visto múltiplas formas de opressão, preconceito, discriminação e exclusão, quase sempre intencionais e mutuamente agravantes. Não são apenas palavras que correm nesse texto, mas movimentos representativos de um movimento maior do povo surdo em luta do que poderia ter sido falado/sinalizado em busca por um direito, isto é, de poder vir a ser parte da educação básica, galgando suas conquistas até a universidade. No entanto, em face de tantos obstáculos, diante de tantas agressões vivenciadas, muitas vezes se pergunta se tais oportunidades poderiam ser estendidas a todos esses sujeitos.

Para isso, ressalta-se a importância da base linguística. Mas de que base estamos falando? De certa maneira, podemos circunscrevê-la dentro da cultura, e igualmente na forma de se encontrar com seu eu com legitimidade, compartilhando novos dizeres sobre si mesmos. Assim, partimos da base de que todos podem contribuir ao compreender a legitimidade das políticas públicas linguísticas dos povos surdos indígenas e negros, isto é, de que se reconheça, de maneira ampla, que estamos lidando com um direito, e não um favor.

INDÍGENAS E NEGROS SURDOS: PRIMEIRAS REFLEXÕES INTERSECCIONAIS

Segundo o entendimento de Collins e Bilge (2021), pela teoria da interseccionalidade, as experiências de um indivíduo ou grupo são moldadas não apenas por sua identidade como ser **indígena surdo ou negro surdo** (observação nossa) mas também por outras identidades e marcadores sociais, como gênero, raça, sexualidade, classe social, entre outras. Mediante tais pressupostos, experiências dos povos indígenas surdos e povos negros surdos brasileiros podem ser moldadas por múltiplas formas de opressão, preconceito, discriminação e exclusão, que se interseccionam e se agravam mutuamente.

Vilhalva (2009), pesquisadora e ativista indígena surda, aponta que povos originários surdos, também nomeados como indígenas surdos, são pertencentes a comunidades que englobam surdos que abrangem variados grupos étnicos indígenas brasileiros. Possuem suas próprias línguas, comunidades e organizações, que trabalham para promover a inclusão e a valorização da cultura e da Língua de Sinais Indígena, além de compartilharem lutas e reivindicações dos povos indígenas em geral, incorporando em suas lutas os grupos étnicos indígenas surdos. A autora também noticia que a língua de sinais utilizada pelos indígenas surdos no Brasil é influenciada pelas línguas de sinais locais de cada povo indígena. Expõe, ainda, que a falta de políticas públicas bilíngues para essas comunidades traz barreiras linguísticas e dificulta o acesso a serviços básicos como saúde e educação. Segundo a pesquisadora, a luta pela preservação e a promoção da diversidade cultural e linguística dos povos indígenas surdos são fundamentais para a garantia de seus direitos e sua plena cidadania.

Em se tratado dos negros surdos, de acordo com pesquisas de Solomon (2018) realizadas na década de 1990 sobre negros surdos estadunidenses, a maioria dos participantes, cerca de 87%, se identificam primariamente como negros, porque a etnia é mais visível: "Veja, em primeiro lugar, eu sou negro" (Soloman, 2018: 2, tradução nossa). Pela mesma ótica, a pesquisadora brasileira negra surda Priscila Ferreira (2018) afirma que, assim como os negros surdos estadunidenses, os negros surdos brasileiros se identificam primeiramente pela raça e depois pela característica da surdez.

Ferreira (2018) aduz que a falta de acesso a conteúdo acerca das relações étnico-raciais na educação de/para surdos pode trazer encadeamentos na forma como os sujeitos negros surdos constroem suas representações. Eis o motivo de Santos e Fernandes (2021) reforçarem a necessidade da teoria interseccional, sobretudo no que tange ao estudo a respeito de como as desigualdades imperam, bem como sobre os mecanismos de exclusão que estudantes negros surdos enfrentam.

Pereira e Pereira (2013) dão o pontapé inicial na abordagem da temática da interseccionalidade negra surda no campo da educação básica, a partir da percepção do racismo por estudantes soteropolitanos negros do ensino fundamental de uma escola para surdos na cidade de Salvador, Bahia. Para Santos e Fernandes (2021), tal investigação trata-se de "um estudo inicial e significativo para reflexão dos mecanismos de exclusão e opressão quando estão envolvidos marcadores identitários de surdez e raça" (Santos; Fernandes, 2021: 5), esclarecendo que estudos sobre essa temática necessitam urgentemente serem ampliados, sobretudo porque os negros surdos pertencem a grupos com menor mobilidade social.

Além disso,

> [...] é importante lembrar que a educação básica pública ofertada à população negra continua a ser a de menor qualidade e que os/as negros/as ainda são os que compõem o grupo com menor mobilidade social, fatores que também influenciam a trajetória escolar e acadêmica dos negros/as surdos/as, somados às barreiras linguísticas do português como língua hegemônica no processo educacional. (Santos e Fernandes, 2021: 14)

É possível perceber claramente que a teoria da interseccionalidade permite uma análise mais complexa e precisa das experiências e das necessidades dos povos indígenas surdos e negros surdos brasileiros, conseguindo apontar possíveis caminhos para a construção de políticas linguísticas bilíngues de efetiva inclusão para essas comunidades. À luz dos estudos de Collins (2018; 2022), Collins e Bilge (2021) e Akotirene (2021), a interseccionalidade configura-se como fator *sine qua non* de atuação como abordagem teórica e política no campo de Estudos Surdos, sendo capaz de reconhecer a multiplicidade de identidades e as formas como essas identidades se intersectam e se relacionam entre si, possibilitando apontar possíveis opressões que esses grupos enfrentam. No caso dos povos indígenas surdos e dos negros surdos, a interseccionalidade leva em conta não apenas a identidade surda, mas também a identidade indígena ou negra surda, considerando a forma como essas identidades se (inter)cruzam e se influenciam mutuamente.

No primeiro caso, uma pessoa indígena surda pode enfrentar discriminação tanto por sua identidade indígena quanto pela surdez, além de encarar obstáculos adicionais devido a outros marcadores sociais, como ser indígena LGBT[3] ou ser indígena surdocego, ou ainda por viver em comunidade remota afastada dos centros urbanos, dentre outros fatores intervenientes. No segundo caso, ser negro surdo no Brasil, além do enfretamento das barreiras comunicacionais, enseja a possibilidade de pertencer à categoria de baixa renda e ter precariedade na oferta de ensino na educação básica (Santos e Fernandes, 2021), além do enfrentamento ao racismo estrutural (Campos e Bento, 2022). De fato, a discriminação racial pode atuar em conjunto com a condição da surdez, podendo resultar em experiência de opressão, racismo, patriarcalismo, conforme afirmam Brito e Souza (2022: 61):

> As práticas racistas orquestradas evidenciam ainda mais a necessidade de se pensar a operacionalidade do lugar interseccional que o negro surdo tem ocupado contemporaneamente, e é essa uma chave teórica imprescindível para entender a experiência coletiva dessas pessoas que têm sua vivência atravessada pelo racismo, pelo patriarcalismo, pela exploração de classe, pelo perverso ouvintismo.

Em se tratando de questões de mapeamento das línguas dos povos indígenas no Brasil, Vilhalva (2009) expõe que indígenas surdos têm oportunidade de ter sua Língua de Sinais Indígena garantida; por outro lado, essa opção não tem chegado como sua primeira língua, haja vista que a Língua Brasileira de Sinais (Libras) é ainda uma língua dominante, de maior prestígio social, se comparada a outras línguas de sinais que circulam no Brasil, a exemplo da Língua Terena de Sinais (LTS), utilizada no Mato Grosso do Sul.[4] O fato de a Libras ter essa condição de maior espraiamento em todo o território nacional faz com que ela seja a que proporciona maior oferta na formação de profissionais intérpretes e professores bilíngues nos cursos de graduação em Letras Libras (licenciatura e bacharelado). Nesse sentido, lamentavelmente é ainda incipiente no Brasil a formação em curso superior das línguas indígenas e nas modalidades oral, escrita e sinalizada, não havendo até agora qualquer garantia ou reconhecimento das Línguas de Sinais Indígenas, o que nos leva a considerar que:

> Os professores indígenas acreditam que as identidades surdas indígenas se constituem num contexto político, linguístico e sociocultural, o que torna

necessário, além da presença do intérprete de língua de sinais, o estabelecimento do diálogo intercultural; quanto aos conhecimentos específicos acerca das necessidades educacionais especiais da pessoa surda e sobre a educação bilíngue, seus relatos apontam a necessidade de que a escola possa propiciar condições adequadas no aprendizado e desenvolvimento das potencialidades linguísticas, cognitivas e socioculturais, com relação às crianças indígenas, surdas e ouvintes. (Lima, 2013: 109)

Concordando com Lima (2013), reconhecemos a necessidade da abordagem intercultural, e adicionamos a possibilidade da inserção da teoria interseccional no campo educacional dos Estudos Surdos, sobretudo na educação de indígenas e negros surdos, passo inicial de reconhecimento e respeito às características étnicas, linguísticas, identitárias e culturais dos povos indígenas e negros dessas comunidades. Para tanto, é necessário que os currículos escolares considerem as diversidades linguísticas e culturais e atendam a demandas linguísticas específicas. Um "futuro passado", como diz uma lenda, de que "já ouvi falar", apontado em diferentes pesquisas da área das Línguas de Sinais Indígenas e da educação para indígenas surdos dentro das escolas indígenas no contexto de seu território. Quanto a isso, Vilhalva e Freitas (2013: 29) argumentam que é

[...] imprescindível providenciar os equipamentos para realizar a acessibilidade ao material didático, facilitando a comunicação dos alunos, assegurando-lhes a ampliação de possibilidades linguísticas, culturais, sociais, educacionais, profissionais e de lazer, valorizando a educação bilíngue com atividades diferenciadas, com vídeos educativos específicos para surdos e demais recursos dentro das necessidades específicas para surdocegos. Os livros didáticos e paradidáticos bilíngues deverão ser elaborados com os artefatos existentes nos territórios etnoeducacionais, somando as confecções de jogos e brinquedos pedagógicos em Libras e também em demais formas de comunicação.

Percebemos, nesse aspecto, a necessidade e a urgência de que os indígenas surdos vivam e vejam em seus próprios territórios de pertença a presença de sua língua, e não como ocorre atualmente, quando ainda necessitam deslocar-se de suas comunidades para estudarem em escolas não indígenas, distante de suas culturas. Assim como os povos indígenas, os negros surdos enfrentam experiências interseccionais marcadas pelo acesso limitado a serviços básicos, opressões, racismo e falta de representatividade.

Santos e Fernandes (2021) refletem acerca da exclusão linguística de surdos em decorrência do imperialismo linguístico da língua portuguesa nas escolas, que, consequentemente, produz gerações de surdos análogos à condição de analfabetismo funcional. Problematizam sobre a não ocupação de cargos em espaços sociais, como, por exemplo, em universidades públicas brasileiras, ambientes historicamente negados à população surda e sobretudo às pessoas negras surdas. Portanto, é imprescindível que as políticas linguísticas voltadas para a inclusão das comunidades surdas levem em consideração a diversidade linguística, étnica e cultural, incluindo os povos indígenas e negros surdos.

Dessa forma, à luz dos parâmetros interseccionais, destacamos a urgência em (re)conhecer as possíveis formas de opressão que afetam as comunidades surdas indígenas e negras. Isso inclui o acesso precário à educação, a minoração do imperialismo linguístico da língua portuguesa, o enfrentamento ao racismo, ao cis-heteropatriarcado. Contudo, é importante destacar, consoante Akotirene (2021), que a teoria da interseccionalidade não deve ser balizada somente pelo prisma de narrativas de excluídos, pois as diferenças são intercruzadas pela multiplicidade de identidades. Concordamos com esta pesquisadora quando afirma que não é producente localizar somente os marcadores discriminatórios e as violências sofridas pelos indígenas, povos negros, imigrantes, dentre outros. Para ela, o cerne da discussão não está vinculado necessariamente às questões identitárias, mas sim, às correntes epistemológicas da Europa Ocidental e estadunidenses, que permeiam as metodologias e o padrão global.

* * *

Nossas reflexões não se constituem como conclusivas e universais. Estudos futuros são necessários para corroborarem a teoria da interseccionalidade no campo dos Estudos Surdos. Destacamos que a condição da surdez como característica única ou a surdez associada a deficiências – como surdo-cegueira – ou, ainda, a marcadores sociais – tais como indígena, negro(a), imigrante etc. –, pode afetar pessoas de todas as culturas e etnias, incluindo povos indígenas e negros surdos. Além do mais, as dificuldades enfrentadas por essas pessoas podem ser triplamente agravadas devido a barreiras linguísticas, culturais e identitárias que podem estorvar o acesso à educação, a serviços de saúde, à comunicação, a bens culturais e à justiça ao longo da vida.

Para compreendermos tais obstáculos enfrentados pelas pessoas indígenas surdas e negras surdas, precisamos considerar a interseccionalidade de suas identidades. Destacamos, assim, a importância de abordar e combater as múltiplas formas de opressão que afetam essas comunidades, envolvendo principalmente a discriminação racial e linguística por parte da sociedade brasileira, que muitas vezes invisibiliza a existência de pessoas indígenas surdas e negras surdas no cenário nacional, conduzindo ao não reconhecimento de suas necessidades específicas.

A partir dos marcos legais já estabelecidos ou ainda em discussão nas casas legislativas, visando ao fortalecimento e implementação de políticas linguísticas públicas efetivas, defendemos que o Estado brasileiro deva garantir o direito constitucional dos povos indígenas e negros surdos, respeitando *a priori* as particularidades e necessidades na área de saúde e educação, mas também fomentando discussões no campo étnico-racial, a fim de contribuir para a preservação das respectivas culturas. Isso inclui a garantia de acesso igualitário aos serviços públicos de saúde e educação, direito linguístico assegurado, bem como a promoção da igualdade racial e combate ao racismo estrutural e institucional. É importante frisar que a experiência de ser indígena surdo ou negro surdo pode ser influenciada por marcadores adicionais como gênero, classe socioeconômica, dentre outros, mas cada pessoa tem sua própria experiência única de ser e estar no mundo.

Por fim, destacamos que os povos indígenas e negros surdos têm o direito de manter e preservar suas próprias línguas, culturas e tradições. Nesse sentido, é fundamental que políticas e programas estatais voltados para a inclusão de pessoas surdas incluam uma abordagem culturalmente interseccional que respeite as especificidades de cada comunidade e – ressaltamos – suas respectivas línguas, tanto as utilizadas pelas pessoas surdas indígenas quanto pelas pessoas negras surdas, em suas próprias realidades e contextos comunitários.

Notas

[1] Conforme o Manual da Secretaria de Comunicação do Senado Federal, as palavras "indígena/etnia" são usadas para designar o indivíduo indígena em substituição ao termo "índio". O termo "Indígena significa 'originário, aquele que está ali antes dos outros', e valoriza a diversidade de cada povo. [...] Para o grupo de indígenas, sugere-se o termo etnia ou povo" (Disponível em: <https://www12.senado.leg.br/manual decomunicacao/estilos/indio>. Acesso em: 05 abr. 2023).

[2] O termo "Escrevivência" foi cunhado pela escritora brasileira e crítica literária Conceição Evaristo, em seu livro *Becos da memória*, publicado em 2006.

[3] Termo utilizado de acordo com a Associação Brasileira de Gays, Lésbicas, Bissexuais, Travestis, Transexuais e Intersexos (ABGLT), conforme pode ser visto em: https://www.abglt.org. Acesso em: 28 abr. 2023.

[4] O Mato Grosso do Sul é um dos raros estados do Brasil a possuírem legislação específica que dispõe sobre a cooficialização de outras línguas no cenário brasileiro. A Lei Municipal nº 1.538, de 04 de abril de 2023, estabelece que "no município de Miranda, estado de Mato Grosso do Sul, passa a ter como línguas cooficiais: A Língua Terena, a Língua Brasileira de Sinais (Libras), a Língua Terena de Sinais (LTS) e a Língua Kinikinau, garantindo a equidade e igualdade política linguística municipal" (disponível em: http://www.diariooficialms.com.br/media/84426/627---11-04-2023.pdf. Acesso em: 28 abr. 2023).

Referências

AKOTIRENE, Carla. *Interseccionalidade*. São Paulo: Sueli Carneiro/Pólen, 2021.

BRASIL. Decreto nº 5.626, de 22 de dezembro de 2005. Regulamenta a Lei nº 10.436, de 24 de abril de 2002, que dispõe sobre Língua Brasileira de Sinais – Libras. *Diário Oficial da União*, Brasília, 22 dez. 2005. Disponível em: <http://www.planalto.gov.br/ccivil_03/_ato2004-2006/2005/decreto/d5626.htm>. Acesso em: 15 dez. 2020.

BRASIL. Lei nº 10.436, de 24 de abril de 2002. Dispõe sobre a Língua Brasileira de Sinais – Libras e dá outras providências. *Diário Oficial da União*, Brasília, 24 abr. 2002. Disponível em: <http://www.planalto.gov.br/ccivil_03/leis/2002/l10436.htm>. Acesso em: 15 dez. 2020.

BRITO, Ires; SOUZA, Florentina. Discurso poético do negro surdo: uma leitura da poesia "Negro surdo", de Edinho Santos. In: SOUZA, Carla Dameane Pereira de et al. (Orgs.). *Sob as asas de sankofa*: uma década de estudos literários e culturais no Instituto de Letras. Salvador: EDUFBA, 2022, pp. 50-68. Disponível em: <https://repositorio.ufba.br/bitstream/ri/36773/3/Sob_as_asas_de_sankofa_v1_miolo.pdf>. Acesso em: 06 abr. 2023.

CAMPOS, Sandra Regina Leite de; BENTO, Nanci Araújo. Nem todo surdo é igual: discussões interseccionais preliminares na educação de surdos. *D.E.L.T.A.*, São Paulo, v. 38, n. 1, pp. 1-18, 2022. Disponível em: <https://doi.org/10.1590/1678-460X202257202>. Acesso em: 06 abr. 2023.

COLLINS, Patricia Hill. Epistemologia feminista negra. In: MALDONADO-TORRES, Nelson; GROSFOGUEL, Ramon; BERNARDINO-COSTA, Joaze. *Decolonialidade e pensamento afrodiaspórico*. Belo Horizonte: Autêntica, 2018. p.139 -170.

COLLINS, Patricia Hill. *Bem mais que ideias*: a interseccionalidade como teoria social crítica. Trad. Bruna Barros e Jess Oliveira. São Paulo: Boitempo, 2022.

COLLINS, Patricia Hill; BILGE, Sirma. *Interseccionalidade*. Trad. Rane Souza. São Paulo: Boitempo, 2021.

FERREIRA, Priscilla Leonnor Alencar. *O ensino de relações étnico-raciais nos percursos de escolarização de negros surdos na educação básica*. Vitória da Conquista 2018. 121f. Dissertação (Mestrado em Ensino) – Programa de Pós-Graduação em Ensino – PPGEn, Universidade Estadual do Sudoeste da Bahia. Disponível em: <http://www2.uesb.br/ppg/ppgen/wp-content/uploads/2019/02/DISSERTA%C3%87%C3%83O-FINAL-PRISCILLA-LEONNOR.pdf>. Acesso em: 07 jun. 2020.

LIMA, Juliana Maria da Silva. *A criança indígena surda na cultura guarani-kaiowá*: um estudo sobre as formas de comunicação e inclusão na família e na escola. Dourados, 2013. 123 f. Dissertação (Mestrado em Educação) – Faculdade de Educação, Universidade Federal da Grande Dourados. Disponível em: <https://repositorio.ufgd.edu.br/jspui/bitstream/prefix/644/1/JulianaMariadaSilvaLima.pdf>. Acesso em: 07 jun. 2020.

PEREIRA, Alex Sandrelanio dos Santos; PEREIRA, Rosenilde Oliveira. Surdo-negro soteropolitano: uma pesquisa exploratória sobre a sua percepção de opressão e exclusão. *Revista de Ciências da Educação*, Americana, ano XV, v. 02, n. 29, pp. 139-48, jun.-dez. 2013. Disponível em: <https://www.revista.unisal.br/ojs/index.php/educacao/article/viewFile/292/261>. Acesso em: 26 abr. 2023.

SANTOS, Rhaul de Lemos; FERNANDES, Sueli de Fátima. Negros/as surdos/as: um estudo sobre o acesso a cursos de graduação em Letras Libras. *Revista de Educação PUC-Campinas*, Campinas, v. 26, 2021. Disponível em: <https://seer.sis.puc-campinas.edu.br/reveducacao/article/view/5339>. Acesso em: 06 abr. 2023.

SOLOMON, Andrea. *Cultural and Sociolinguistic Features of the Black Deaf Community*. Pittsburgh, 2018. 20 f. Tese – Carnegie Mellon University. Disponível em: <https://kilthub.cmu.edu/articles/thesis/Cultural_and_Sociolinguistic_Features_of_the_Black_Deaf_Community/6684059>. Acesso em: 06 abr. 2023.

VILHALVA, Shirley. *Mapeamento das línguas de sinais emergente:* um estudo sobre as comunidades linguísticas indígenas de Mato Grosso do Sul. Florianópolis, 2009. 137 f. Dissertação (Mestrado em Linguística) – Programa de Pós-Graduação em Linguística, Centro de Comunicação e Expressão, Universidade Federal de Santa Catarina. Disponível em: <https://repositorio.ufsc.br/handle/123456789/92972>. Acesso em: 06 abr. 2023.

VILHALVA, Shirley; FREITAS, Simone. Direito linguístico e as conquistas do aluno índio surdo na escola indígena em Dourados em Mato Grosso do Sul. *Revista Fórum*, Rio de Janeiro, n. 28, 2013.

O QUE O FUTURO RESERVA PARA OS SURDOS BRASILEIROS?

José Carlos de Oliveira
Sandra Patrícia de Faria-Nascimento

FUTURO, REFLEXO DO PRESENTE

O que o futuro reserva para os surdos brasileiros? O futuro é colheita. Só se colhe o que se planta. Por isso, o futuro começa hoje. Há séculos, dia após dia, o futuro dos surdos vem sendo preparado, principalmente, pelos próprios surdos, por aqueles que os apoiam, mas também por aqueles que acham que sabem o que é melhor para os surdos, sem "ouvi-los".

A boa notícia é que os surdos, cada dia mais, têm sido protagonistas de sua história, têm arado o terreno e selecionado melhor as sementes; eles próprios vêm plantando e separando "o joio do trigo". Ao longo desse período, muitas sementes já brotaram e, por isso, a colheita vem aumentando, ano após ano.

O que os líderes surdos usufruem, hoje, é fruto do que líderes surdos plantaram, ontem. Os surdos que colhem frutos plantados por seus antepassados precisam continuar plantando para as próximas gerações. É preciso continuar semeando desejos, somando perspectivas, construindo pontes, trilhando caminhos que levam a dias melhores para os surdos do hoje e para os do amanhã, seja na esfera pessoal e identitária, seja na esfera familiar, social, cultural, educacional, profissional, política, entre outras esferas constitutivas dos cidadãos.

A saúde física e psíquica dos surdos, seu acesso linguístico e à educação, sua inserção no mercado de trabalho e seu acesso a bens de consumo, tudo depende do que se planta. Quantos surdos doutores havia no passado? Quantos surdos doutores produzem conhecimento no presente? Quantos surdos doutores teremos no futuro? Os números, nem sempre sabemos, mas sabemos que a colheita de hoje passou por plantio.

Aprender com a experiência, aprender com o outro, aprender com a ciência, aprender com as memórias auxilia a escolha dos caminhos mais promissores ao futuro. A(s) comunidade(s) surda(s) tem/têm sido bem-sucedida(s) na condução de sua(s) trajetória(s) de luta; uma luta paciente, constante e resiliente.

A PROJEÇÃO DO FUTURO A PARTIR DO PERCURSO ACADÊMICO DOS SURDOS

Os avanços linguísticos, sociais, científicos, tecnológicos, políticos, entre outros, precisam manter-se. Ao longo das quatro últimas décadas, as pesquisas e a legislação envolvendo as pessoas surdas cresceram progressivamente, especialmente em torno da educação de surdos e da língua de sinais. Assim, as pesquisas acadêmicas nas mais diversas áreas crescem diariamente, em abrangência temática, volume, extensão territorial e nível de qualidade, com registros notadamente crescentes principalmente após a sanção da Lei de Libras.

No início, as temáticas das pesquisas com línguas de sinais migravam do paradigma clínico para o paradigma socioantropológico da surdez. Os primeiros estudos, desenvolvidos no campo científico dos "Estudos Surdos", envolviam os surdos e a língua que sinalizavam. Paralelamente, a língua de sinais começava a ser estudada a partir de suas regularidades, buscando o *status* das demais línguas orais.

Os estudos linguísticos vêm-se ampliando e incluem a descrição linguística da língua de sinais brasileira,[1] em todos os níveis linguísticos. O ensino da língua de sinais brasileira ampliou-se da estreita menção à primeira e segunda língua para estudos das línguas de herança, adicional, entre outras.

Dos estudos dos processos de aquisição da linguagem emerge a preocupação com os danos causados pela privação linguística. Importa acelerar a inserção da criança surda em um ambiente linguístico favorável à aquisição plena da língua de sinais, compartilhada por uma comunidade linguística sem território naturalmente constituído, mas consolidado no ambiente escolar, especialmente nas escolas bilíngues, conforme defende Nascimento (2015), um território propício à inclusão linguística, social e acadêmica de sinalizantes.

Os efeitos da modalidade começam a saltar nas pesquisas, e os estudos, que tinham seus referenciais imersos nos escopos definidos para as línguas orais, passam a exigir olhares e análises mais específicos, característicos de uma língua de modalidade corpóreo-visual, embasados em argumentos e regras típicos das línguas de sinais. Essa perspectiva consolida os estudos das línguas de sinais ao permitir a descrição de seus fenômenos típicos.

O entorno familiar dos surdos também vem sendo objeto de pesquisa, sob a perspectiva da inclusão dos surdos numa sociedade que, majoritariamente, fala uma língua inacessível a eles, o que pode ser minimizado com o ensino da língua de sinais para as famílias, para a comunidade escolar e para a sociedade como um todo. A aquisição linguística se torna portal para o conhecimento surdo, seja ele adquirido nos livros, seja ele apreendido das "vivências surdas".

A formação dos profissionais que protagonizam e dos que medeiam o ensino e as relações dos surdos com a sociedade volta às pesquisas, com destaque à proficiência necessária aos profissionais mediadores do ambiente educacional, sejam eles professores bilíngues fluentes em língua de sinais, sejam eles intérpretes de Libras-português-Libras.

Terreno arado e semeado pressupõe colheita próspera. Contudo, o sucesso depende da irrigação, da adubação, do acompanhamento do plantio. Ainda há muito a se implantar e implementar, de forma que os estudos levem a ações políticas que irão transformar as práticas, a partir da amplitude temática que envolve os surdos.

PASSOS PARA O FUTURO: IMPACTOS LINGUÍSTICOS

A realidade linguística dos surdos é fruto de conquistas acumuladas ao longo de muitas décadas. É preciso investir na aquisição natural da língua de sinais brasileira, principalmente pelos surdos. A privação linguística é limitante e devastadora. Não se pode mais permitir que crianças surdas permaneçam sem uma língua; não se pode mais permitir que os surdos fiquem sem acesso à língua de sinais em qualquer contexto pessoal, familiar, social, acadêmico etc.

Felizmente, diante de tantos avanços, o futuro reserva para os surdos uma sociedade que respeita a língua de sinais e os trata com equidade. A empatia é um atributo que precisa ser partilhado e ocupar lugar de destaque diante do desafio do convívio social dos surdos com os não surdos. A visibilidade alcançada pelos surdos traz consigo o desafio de se respeitar a língua de sinais e de se aprender a sinalizar, o que projeta uma sociedade cada dia mais sinalizante.

As famílias têm um papel importante na vida dos surdos, no encaminhamento linguístico em direção à aquisição linguística deles. Muitos familiares vêm aprendendo a língua de sinais, dentro e fora das escolas, promovendo ambientes de aquisição da língua de sinais aos surdos.

Espera-se disseminar a língua de sinais, no território nacional, cada dia mais; porém, antes que o Brasil se torne totalmente bilíngue (em português e Libras), é preciso garantir que a língua de sinais alcance os surdos e seja protagonizada por eles próprios na posição de profissionais "valentes" e "combatentes" no ensino e na implementação de políticas públicas efetivas na defesa de direitos surdos, com base nos preceitos teóricos e práticos de cada área do conhecimento e na garantia de convívio social acessível para todos.

A cada etapa, um passo à frente – ainda que de forma tímida, pouco a pouco, propicia-se a melhoria da qualidade de vida dos surdos. Ao lado dos desafios encontrados, os impactos das mudanças legais e as perspectivas futuras decorrentes dos avanços conquistados compõem o espiral que dá voltas progressivas, num ciclo que alça políticas públicas cada vez mais assertivas.

É preciso, incansavelmente, informar e sensibilizar a sociedade majoritariamente ouvintista, que ainda desconsidera as "mãos" dos surdos em seus apelos em defesa da garantia de direitos inalienáveis.

Nessa conjuntura, as interseccionalidades de diferentes esferas convergem para questões surdas relacionadas à família, saúde, educação, desporto, trabalho, cultura, arte, política, entre outras, e conciliam saberes, desafios, possibilidades e conquistas, as quais, a cada dia, adicionam mais visibilidade aos surdos.

O FUTURO DA EDUCAÇÃO DOS SURDOS

O que o futuro reserva às políticas educacionais e linguísticas voltadas aos surdos? Em relação ao direito linguístico, ao processo de aquisição da linguagem, à consolidação das identidades, da cultura, das comunidades e da subjetividade surda? Em relação aos familiares ouvintes? Na percepção da língua de sinais como língua adicional para ouvintes? Em relação ao papel dos intérpretes de língua de sinais brasileira no contexto educacional?

São vários eixos, vários vieses.... Práticas socioculturais, acesso à língua de sinais, currículos, métodos, materiais didáticos, formação, programas, entre outros, são garantias a serem implementadas nas diferentes esferas de participação cidadã dos surdos. Este estudo, contudo, focaliza alguns dos impactos dessa conjuntura em sua educação.

A recente atualização da Lei n. 9.394/1996, Lei de Diretrizes e Bases da Educação Nacional (Brasil, 1996), com a incorporação, no texto legal, da Lei n. 14.191/2021 (Brasil, 2021), institui a oitava modalidade do sistema educacional brasileiro, a "modalidade de educação bilíngue de surdos".

O advento dessa modalidade representa o congraçamento de todas as garantias educacionais e linguísticas pinceladas nas leis constituídas desde a sanção da Lei de Libras, e chama os entes federativos à responsabilidade para que a modalidade seja implantada e implementada em todo o sistema educacional brasileiro.

A educação especial, enquanto esteve responsável pela educação dos estudantes surdos, não demonstrou aptidão para lidar com a singularidade linguística nem dos surdos, nem dos estudantes com deficiência auditiva.

O apropriado remanejamento dos estudantes surdos para uma modalidade de educação bilíngue específica resgata-os da educação especial e assegura-lhes o respeito à sua singularidade linguística, uma singularidade que, paradoxalmente, é plural, visto que os estudantes surdos também são diferentes entre si.

A inclusão proposta pela educação especial reconhece a diversidade e apresenta avanços em relação às políticas educacionais inclusivas para boa parte de seu público-alvo. Todavia, não deu conta de incluir em sua pauta política uma visão de inclusão que garantisse aos estudantes surdos uma educação inclusiva com equidade, pois insiste em camuflar essa diversidade no agrupamento misto dos estudantes, desconsiderando as necessidades e especificidades de cada grupo, em sua diversidade.

Atualizada, a LDB consolida: (a) o reconhecimento da Língua de sinais Brasileira como a língua das comunidades surdas brasileiras; (b) a garantia aos estudantes surdos da Língua de Sinais Brasileira como primeira língua e do português escrito como segunda; e (c) a garantia da educação bilíngue de surdos em três espaços escolares distintos, a saber, em escolas bilíngues de surdos, com professores e comunidade escolar sinalizantes; em classes bilíngues de surdos, com professores sinalizantes; e em classes inclusivas constituídas em escolas comuns (inclusivas), com intérpretes de Libras-português-Libras.

A modalidade de educação bilíngue de surdos é regular e, portanto, substitutiva e equivalente à educação comum. Essa modalidade constrói pontes, ao surgir como uma modalidade de ensino regular, concreta e real, que respeita a língua dos estudantes e rompe com a exclusiva transversalidade da educação especial.

A Política Nacional da Educação Especial na Perspectiva da Educação Inclusiva (Brasil, 2008) restringia aos surdos o "atendimento complementar" da educação especial. Aos surdos com altas habilidades/superdotação, o "atendimento educacional" era suplementar e não costuma(va) ser oferecido em língua de sinais.

A modalidade de educação bilíngue de surdos permite a concomitância do atendimento educacional especializado bilíngue aos estudantes que têm essa necessidade, uma vez que os estudantes surdos, com deficiência(s) associada(s), como qualquer outro cidadão, têm direito à transversalidade da educação especial, que pode perpassar a modalidade de educação bilíngue de surdos, como acontece com as demais modalidades de educação previstas na legislação vigente. Assim, estudantes surdos com deficiência física, por exemplo, precisam ter garantida a acessibilidade arquitetônica como os demais.

A PROJEÇÃO DA EQUIDADE NA EDUCAÇÃO DO FUTURO

Não há como defender a diversidade com condutas homogeneizantes, com procedimentos e métodos de ensino idênticos para todos. A equidade é um conceito que prima pela justiça, pelos direitos individuais, a partir do acesso ao conhecimento, à educação, aos bens materiais e imateriais, disponíveis aos cidadãos. Esse não é um conceito novo para a comunidade surda, porém, parece novo para cada gestor incipiente, ao assumir um cargo que demanda ações em defesa de direitos de minorias ou grupos minorizados.

As políticas que visam à equidade são desafiadoras. A criação da modalidade de educação bilíngue de surdos é uma ação que concretiza uma prática de equidade. A inserção dessa nova modalidade no sistema educacional brasileiro traz enormes benefícios, sem considerável impacto financeiro, pois não compromete nem aumenta o financiamento para a educação; ocorre apenas a redistribuição do valor *per capita*, destinado aos estudantes surdos, da educação especial para a educação bilíngue de surdos, atualmente sob a responsabilidade executiva da Diretoria de Políticas de Educação Bilíngue de Surdos – DIPEBS, no Ministério da Educação.

Do Fundeb advém a fatia orçamentária destinada às escolas especializadas. O montante correspondente aos estudantes surdos é destinado proporcionalmente à construção de instituições bilíngues, reforma de instituições, pagamento de professores bilíngues fluentes em língua de sinais, e alunos contemplados com a educação bilíngue de surdos.

TRILHAS DA DIVERSIDADE SURDA

O "respeito à diversidade humana, linguística, cultural e identitária das pessoas surdas, surdo-cegas e com deficiência auditiva" (Brasil, 2021), preconizado na legislação, impacta na forma de avaliar os surdos no âmbito educacional não mais pelo espectro da deficiência, mas por suas especificidades linguísticas, identitárias e culturais.

Linguisticamente falando, há surdos sinalizantes, surdos oralizados, surdos bimodais, cada um com suas peculiaridades: uns somente sinalizam em Libras, outros somente oralizam em português, enquanto outros sinalizam em Libras ou oralizam em português, quase que simultaneamente, ou separadamente (conhecidos como surdos bimodais). Toda essa diversidade acarreta novas especificidades linguísticas.

Diante dessa diversidade, há os estudantes surdos "sinalizantes", os estudantes com deficiência auditiva "sinalizantes" ou "não sinalizantes", assim como os "ainda não sinalizantes". Entre eles, há os estudantes surdos e surdocegos gestuantes, oralizados, bimodais, implantados, protetizados. Há também os estudantes surdos ou com deficiência auditiva, com deficiências associadas ou com altas habilidades/superdotação.

A educação bilíngue de surdos contempla a pluralidade dos surdos, surdocegos, deficientes auditivos, com suas especificidades sensoriais e linguísticas, e torna real a possibilidade de agrupamento entre pares linguísticos.

A modalidade de educação bilíngue de surdos contempla estudantes a partir de zero ano, na educação infantil, estendendo-se "ao longo da vida", e começa com a identificação e acolhimento de bebês surdos.

A enturmação de estudantes surdos com seus pares é uma das garantias da modalidade de educação bilíngue, pois a inclusão efetiva para os surdos implica o convívio com seus pares, em ambiente linguístico favorável à interação, comunicação, ensino e instrução em língua de sinais brasileira. As escolas bilíngues de surdos, em especial, são espaços constitutivos desse ambiente e, ainda, promovem a interculturalidade, o respeito à cultura e à identidade linguística dos surdos (Brasil, 2009).

A liberdade de escolha resiste ao modelo único imposto pela educação especial, numa perspectiva mais inclusiva que a perspectiva inclusivista da Política Nacional na Perspectiva da Educação Inclusiva (Brasil, 2008). É preciso que o direito de escolha dos indivíduos seja garantido sem imposição a um modelo único para todos os estudantes surdos.

Esse contexto consolida o "pluralismo de ideias e de concepções pedagógicas, assim como a coexistência de instituições públicas e privadas de ensino", preconizados no texto constitucional (Brasil, 1986), e reforça uma posição democrática, dialógica e verdadeiramente inclusiva, uma vez que cada estudante deve ser matriculado onde melhor aprende.

Pouco a pouco, lenta e gradualmente, o poder público e as pessoas comuns têm sido sensibilizados e começam a entender que uma educação de qualidade para os surdos não se faz com a simples enturmação de estudantes em uma sala de aula mista. A inclusão dos surdos se faz primeiramente entre os próprios surdos. Esse paradigma, sim, respeita as diferenças.

METODOLOGIAS DE ENSINO, CURRÍCULO, MATERIAIS DIDÁTICOS E FORMAÇÃO INICIAL E CONTINUADA

É preciso envidar esforços para que os estudantes surdos adquiram a língua de sinais brasileira e aprendam o português escrito por meio de metodologias de ensino adequadas, as quais devem estar presentes tanto para a oferta na educação básica quanto no ensino superior.

Para a educação bilíngue de surdos, abordagens, métodos e técnicas de ensino ampliam o debate – e o currículo, em especial – para o ensino da Língua de Sinais Brasileira e do português escrito, assim como a elaboração de materiais didáticos adequados ocupa o topo das demandas e emergências.

Na educação bilíngue de surdos, à exceção do currículo de Libras (como primeira língua) e de português (como segunda língua), o currículo dos demais componentes curriculares é o mesmo, embora seja oferecido em formato bilíngue, em língua de sinais e em português escrito, em decorrência das especificidades surdas.

A partir da publicação de Stumpf e Linhares (2021), com a delimitação do currículo de Libras como primeira língua, e da publicação de Belém et al. (2021), Bernardino et al. (2021), Cruz et al. (2021), Faria-Nascimento et al. (2021), Pereira et al. (2021) e Silva et al. (2021), com a delimitação do currículo de português como segunda língua, os primeiros passos estão dados para se pensar na elaboração de materiais didáticos específicos.

Constituídos os currículos, urge, ao Plano Nacional do Livro Didático – PNLD, adequar-se a esse público específico, com a publicação sistemática de materiais didáticos específicos e diferenciados para os estudantes surdos. Entre esses, materiais *bilíngues* (totalmente em Libras e em português escrito), *semibilíngues* (em uma das línguas o material completo e, na outra língua, com apresentação parcial) ou *monolíngues*, em uma das línguas.

Em Libras, o material poderá ser apresentado em uma das formas escritas da língua de sinais, em diferentes suportes ou em vídeo. Em português escrito, a linguagem dos materiais precisa ser acessível aos estudantes. A multimodalidade é uma característica importante a ser observada na elaboração de material didático de ensino, desde que qualquer das modalidades empregadas na sua elaboração seja essencialmente visual.

Continuando essa trilha, a educação bilíngue de surdos exige a presença de profissionais bilíngues, fluentes em língua de sinais brasileira e português escrito, com formação inicial e continuada, específica e especializada, em nível superior.

A seleção de professores bilíngues, com proficiência comprovada em Libras é essencial para que seja garantida a qualidade do ensino a ser oferecido aos estudantes surdos, tanto na educação básica quanto no ensino superior. Para a seleção, é importante a participação dos surdos nos processos seletivos de contratação e avaliação de professores bilíngues, como previsto na lei.

Antes, porém, é preciso investimento na formação de professores. A oferta de cursos específicos de graduação, pós-graduação e de formação continuada, em formato de extensão e outros, no âmbito das instituições de ensino superior, precisa ser ampliada e incentivada para que a qualificação dos professores atuantes, ou que irão atuar, na educação bilíngue de surdos, atenda às necessidades dos estudantes.

* * *

Os surdos deparam-se com os mais variados desafios a cada novo dia, embora livrem-se do paradigma da deficiência quando a língua de sinais se torna a língua de comunicação, interação, ensino e instrução.

Para o futuro, há ainda muitos paradigmas a serem quebrados. Para a efetividade da educação bilíngue de surdos, urge preparar-se para o futuro com a implantação e implementação de escolas bilíngues em todo o país, com, pelo menos, uma escola em cada estado.

A legislação em vigor precisa ser cumprida, ainda que gradativamente. Há medidas a curto, médio e longo prazo. Por si só, a legislação não implementa políticas, fornece matérias, garante, assevera, propicia, estimula, reforça direitos e introduz novos debates.

Os avanços precisam ser provocados para que sejam inseridos nas pautas de prioridades. As implementações, muitas das vezes, ocorrem a partir do acompanhamento atento e das cobranças políticas, sempre que necessário.

Os impactos da legislação conquistada são grandes no sistema e na vida dos surdos. É preciso acompanhamento atento de cada um deles, além de mobilização para que garantias sejam postas nos planos de ação dos executores e se efetivem na prática.

Ao longo dos anos, o movimento surdo, sob a "batuta" de líderes surdos, com destreza, muito tato e, ainda, movido por mobilizações presenciais ou potencialmente instituídas nas redes sociais, vêm consolidando seus espaços de direito, de luta, de conquistas que, ainda que a passos lentos, avança.

Mudanças não ocorrem num piscar de olhos; dependem do sistema, das instituições, dos gestores, da formação e da disposição dos docentes, do esforço dos discentes, da condução política, das prioridades que giram em torno de todos. Um futuro promissor depende da vigilância e da mobilização constante das comunidades surdas e de seus representantes e apoiadores, a fim de que seja garantida a efetividade e eficácia das leis.

O empoderamento e o protagonismo surdo têm sido fundamentais aos avanços das políticas voltadas aos surdos. Como instituição forte e atenta, a Feneis, ao longo dos seus 36 anos, mantém-se à frente alerta, atuante e incansável na luta pelos direitos dos surdos, na luta para que a acessibilidade linguística seja garantida e, na sequência, os demais direitos dos surdos, que envolvem tanto o direito de ir e vir – no sentido literal (via transporte público, interestadual, terrestre ou aéreo, seja via seu próprio veículo) e no sentido mais amplo de participar, de acessar, de construir, de opinar – quanto o direito a um trabalho digno, o direito de pensar e de aprender, em síntese, e entre outros, o direito de viver bem.

O Plano Nacional de Educação vigente entre 2014 e 2024 (Lei nº 13.005/2014) dá lugar ao PNE em vigor entre 2024 e 2034. A comunidade surda brasileira e a DIPEBS se empenharam na atualização desse plano que incorpora a modalidade de educação bilíngue de surdos (Lei nº 14.191/2021). O debate institucional gira em torno da "Garantia da Educação como Direito e Política de Estado". A delimitação dos novos textos do PNE é sempre votada durante a Conferência Nacional de Educação (Conae), antes de ir para o Congresso Nacional.

Existe uma grande expectativa de que, com apoio do Ministério da Educação, em breve haja: (i) a instituição de grupos de trabalho que façam frente a diferentes etapas de segmentos da educação; (ii) a publicação de diretrizes para a educação bilíngue de surdos no Conselho Nacional de Educação; (iii) a publicação de política nacional para a educação bilíngue de surdos. Resta-nos acompanhar o dia a dia dessa construção.

É preciso construir pontes para que gerações futuras se beneficiem plenamente das conquistas dos seus pares surdos, desde a alfabetização, passando pelo ensino fundamental, primeiro e segundo ciclo, ensino médio, educação de jovens e adultos, ensino profissionalizante, ensino superior, todos na perspectiva da educação bilíngue de surdos. Enfim, é preciso disposição para o árduo trabalho, às vezes repetitivo e cansativo, a fim de que as garantias da legislação vigente provoquem as mudanças necessárias e não se tornem letra morta.

Assim, muitas conquistas a serem desbravadas. Leis, por si só, nada garantem. É preciso haver compromisso ético, moral e social dos agentes políticos e gestores. São grandes os desafios; muitos deles vêm sendo vencidos à medida que as pesquisas avançam, ao lado de outros que precisam de mobilização, ações sociais e políticas de resistência. Muito foi conquistado, mas há muito ainda a conquistar. A luta não pode parar; o futuro está para chegar.

Nota

[1] N. O.: Neste capítulo, os autores usam a expressão "Língua de *Sinais Brasileira*" em vez da mais conhecida "Língua *Brasileira de Sinais*". As duas formas coocorrem nos textos acadêmicos e se parametrizam conforme o lugar de fala de cada pesquisador, sem prejuízos conceituais para as comunidades surda ou acadêmico-científica. A ordem utilizada aqui segue o rigor científico na denominação da língua que não é considerada uma língua brasileira que é de sinais, mas uma língua de sinais que é brasileira. A sigla Libras tanto é possível para **LI**ngua de sinais **BRAS**ileira quanto para **LI**ngua **BRAS**ileira de **S**inais ou para **LI**ngua **BRAS**ileira de sinais. Por fim, "Língua de Sinais Brasileira" pode ter também como sigla LSB.

Referências

BELÉM, Andréa Beatriz Messias et al. *Proposta curricular para o ensino de português escrito como segunda língua para estudantes surdos da educação básica e do ensino superior* [livro eletrônico]: caderno 1: educação infantil. 1. ed. Brasília: Secretaria de Modalidades Especializadas de Educação: DIPEBS/SEMESP/MEC, 2021. (Educação bilíngue de surdos). ISBN 978-65-87855-05-9. Disponível em: <https://www.gov.br/mec/pt-br/media/acesso_informacacao/pdf/0CADERNOIEducaoInfantilIS BN2906.pdf>. Acesso em: 02 fev. 2023.

BERNARDINO. Elidéa Lúcia Almeida et al. *Proposta curricular para o ensino de português escrito como segunda língua para estudantes surdos da educação básica e do ensino superior* [livro eletrônico]: caderno IV: ensino médio. 1. ed. Brasília: Secretaria de Modalidades Especializadas de Educação:

DIPEBS/SEMESP/MEC, 2021. (Educação bilíngue de surdos). ISBN 978-65-87855-02-8. Disponível em: <https://l1nk.dev/VpuFA>. Acesso em: 02 fev. 2023.

BRASIL. Decreto n. 5.626, de 22 de dez. de 2005. Regulamenta a Lei n. 10.436, de 24 de abr. de 2002. *Diário Oficial da República Federativa do Brasil*, Brasília, 23 de dez. de 2005. Disponível em: <https://l1nk.dev/hTXZT>. Acesso em: 16 fev. 2021.

BRASIL. Lei n. 13.005 de 25 de jun. de 2014. Aprova o Plano Nacional de Educação – PNE e dá outras providências. Brasília, 26 de jun. de 2014. *Diário Oficial da República Federativa do Brasil*. Disponível em: <https://l1nk.dev/5Yw7Z>. Acesso em: 16 fev. 2021.

BRASIL. Lei n. 13.146 de 6 de jul. de 2015. Institui a Lei Brasileira de Inclusão da Pessoa com Deficiência (Estatuto da Pessoa com Deficiência). *Diário Oficial da República Federativa do Brasil*. Brasília, 7 de jul. de 2015. Disponível em: <ttps://l1nk.dev/K9S6O>. Acesso em: 16 fev. 2021.

BRASIL. Lei n. 14.191, de 03 de ago. de 2021. Altera a Lei n. 9.394, de 20 de dez. de 1996 (Lei de Diretrizes e Bases da Educação Nacional), para dispor sobre a modalidade de educação bilíngue de surdos. *Diário Oficial da República Federativa do Brasil*, Brasília, 04 de agosto de 2021. Disponível em: <https://l1nk.dev/vTWPI>. Acessado em: 02 fev. 2023.

BRASIL. Lei n. 9.394 de 20 de dez. de 1996. Estabelece as diretrizes e bases da educação nacional – LDBEN. *Diário Oficial da República Federativa do Brasil*, Brasília, 23 de dez. de 1996. Disponível em: <https://l1nk.dev/AJY04>. Acesso em: 16 fev. 2021.

BRASIL. Lei nº 10.436, de 24 de abril de 2002. Dispõe sobre a Língua Brasileira de Sinais - Libras e dá outras providências. *Diário Oficial da República Federativa do Brasil*, Brasília, 25 de abr. de 2002. Disponível em: <https://l1nk.dev/IOHzT>. Acesso em: 16 fev. 2021.

CRUZ, Osilene Maria de Sá e Silva da et al. *Proposta curricular para o ensino de português escrito como segunda língua para estudantes surdos da educação básica e do ensino superior* [livro eletrônico]: caderno V: ensino superior. 1. ed. Brasília: Secretaria de Modalidades Especializadas de Educação: DIPEBS/SEMESP/MEC, 2021. (Educação bilíngue de surdos). ISBN 978-65-87855-04-2. Disponível em: <https://l1nk.dev/EBaqu>. Acesso em: 02 fev. 2023.

FARIA-NASCIMENTO, Sandra Patrícia et al. *Proposta curricular para o ensino de português escrito como segunda língua para estudantes surdos da educação básica e do ensino superior* [livro eletrônico]: caderno introdutório. 1. ed. Brasília: Secretaria de Modalidades Especializadas de Educação: DIPEBS/SEMESP/MEC, 2021. (Educação bilíngue de surdos). ISBN 978-65-87855-04-2. Disponível em: <https://l1nk.dev/ah9LC>. Acesso em: 02 fev. 2023.

NASCIMENTO, Carlos Antônio Ferreira do. *Cultura surda:* construção, manifestação e utilização pela comunidade surda de Brasília. Trabalho de Conclusão de Curso do Curso de Bacharelado em Antropologia. Brasília: Universidade de Brasília, 2015.

PEREIRA, Maria Cristina da Cunha et al. *Proposta curricular para o ensino de português escrito como segunda língua para estudantes surdos da educação básica e do ensino superior* [livro eletrônico]: caderno 2: ensino fundamental (anos iniciais). 1. ed. Brasília: Secretaria de Modalidades Especializadas de Educação: DIPEBS/SEMESP/MEC, 2021. (Educação bilíngue de surdos). ISBN 978-65-87855-01-1. Disponível em: <https://l1nk.dev/M5Mg9>. Acesso em: 02 fev. 2023.

SILVA, Ivani Rodrigues et al. *Proposta curricular para o ensino de português escrito como segunda língua para estudantes surdos da educação básica e do ensino superior* [livro eletrônico]: caderno 3: ensino fundamental (anos finais). 1. ed. Brasília: Secretaria de Modalidades Especializadas de Educação: DIPEBS/SEMESP/MEC, 2021. (Educação bilíngue de surdos). ISBN 978-65-87855-06-6. Disponível em: <https://l1nk.dev/WKbNy>. Acesso em: 02 fev. 2023.

STUMPF, Marianne Rossi; LINHARES, Ramon Santos de Almeida (org.). *Referenciais para o ensino de Língua Brasileira de Sinais como primeira língua para surdos na Educação Bilíngue de Surdos:* da Educação Infantil ao Ensino Superior, v. 1 [livro eletrônico] / texto final coletivo: vários autores et. al.]. 1ª edição. Petrópolis: Editora Arara Azul, 2021. 302 p. (v. 1 / Coleção: Ensinar e aprender em Libras) ISBN: 978-85-8412-033-81. Disponível em: <https://editora-arara-azul.com.br/site/ebook/detalhes/23>. Acesso em: 16 set. 2023.

OS AUTORES

Adriana Di Donato é fonoaudióloga pela Universidade Católica de Pernambuco (Unicap), doutora em Linguística pela Universidade Federal da Paraíba (UFPB). Possui título de especialista em Linguagem e especialista em Fonoaudiologia Educacional, ambos pela Sociedade Brasileira de Fonoaudiologia (SBFa). Docente de Libras no Departamento de Fonoaudiologia da Universidade Federal de Pernambuco (UFPE), vem desenvolvendo atividades de extensão e pesquisa na área bilíngue Libras/português. Fundadora do Núcleo de Acessibilidade da UFPE.

Alexandre Dantas Ohkawa é arquiteto, palestrante, mediador, consultor e especialista em acessibilidade, diversidade (comunidade surda), equidade e inclusão. Um dos idealizadores do workshop "Empatia do Silêncio" e SAS (Semana da Acessibilidade Surda). Embaixador do Movimento Web para Todos (MWPT). Atual presidente da Associação de Surdos do Estado de SP – Vem Sonhar.

Cilmara Levy é fonoaudióloga pela Pontifícia Universidade Católica de São Paulo (PUC-SP). Especialista em Audiologia pelo Conselho Federal de Fonoaudiologia (CFFa). Mestre em Psicologia Social pela Pontifícia Universidade Católica de São Paulo (PUC-SP). Doutora em Ciências da Saúde pela Faculdade de Ciências Médicas da Santa Casa de São Paulo (FCMSCSP). Coordenadora do curso de especialização lato-sensu em Audiologia (FCMSCSP). Professora assistente do curso de graduação em Fonoaudiologia da FCMSCSP. Fonoaudióloga da Irmandade da Santa Casa de Misericórdia de São Paulo (ISCMSP). Fonoaudióloga clínica.

Desirée De Vit Begrow é fonoaudióloga bilíngue Libras/português. Doutora em Educação pela Universidade Federal da Bahia (UFBA).

Pós-doutora em Linguística pela Universidade Federal de Santa Catarina (UFSC). Professora no Departamento de Fonoaudiologia da UFBA. Coordenadora do Projeto para Acolhimento, Informação e Suporte a Familiares de Crianças Surdas (PAIS/UFBA). Vice-coordenadora do Comitê de Línguas de Sinais e Bilinguismo para Surdos (CLSBS) do Departamento de Linguagem da Sociedade Brasileira de Fonoaudiologia (SBFa) (gestão 2019-2022). Atual membro de GT – Formação do Fonoaudiólogo (GT-Formação) do CLSBS-SBFa.

José Carlos de Oliveira é doutor em Estudos Linguísticos pela Universidade Federal de Uberlândia (UFU), mestre em Linguística Aplicada pela Universidade Federal de Santa Catarina – UFSC, graduado em Letras-Libras pela UFSC e em Letras Anglo-Portuguesa pela Faculdade de Ciências Contábeis e Administrativas Rolândia – FACCAR. É professor adjunto do Instituto de Letras e Linguística – ILEEL da UFU. Atua na área de ensino e pesquisa de Libras como primeira (L1) e segunda língua (L2), português escrito para surdos, língua inglesa escrita como terceira língua (L3) para surdos e temas relacionados à surdocegueira.

Kathryn Harrison é doutora pelo Programa de Linguística Aplicada e Estudos da Linguagem (LAEL/PUC-SP), fonoaudióloga do Serviço de Atendimento Bilíngue da Clínica de Audição, Voz e Linguagem Prof. Dr. Mauro Spinelli da Derdic/PUC-SP. Professora (2006-2010) no Curso Superior de Formação de Intérpretes de Libras da Universidade Metodista de Piracicaba (Unimep). Membro do Comitê de Língua de Sinais e Bilinguismo para Surdos, Departamento de Linguagem da Sociedade Brasileira de Fonoaudiologia – SBFa, GT3 Libras e Fonoaudiologia.

Liliane Toscano de Brito é fonoaudióloga pela Universidade Católica de Pernambuco; professora adjunta da Universidade Estadual de Ciências da Saúde de Alagoas (Uncisal) vinculada ao Centro de Ciências Integradas; membro do Grupo de Pesquisa Estudos de Linguagem da Uncisal; membro do Grupo de Pesquisa LIBRaqe da Universidade Federal de Alagoas (UFAL). Tem especialização em Linguagem pela Universidade de Ribeirão Preto; mestrado e doutorado em Letras e Linguística pela Universidade Federal de Alagoas.

Marcio Hollosi é professor adjunto do Departamento de Letras, docente do Programa de Pós-graduação em Educação e Saúde na Infância e Adolescência e do Programa de Mestrado Profissional em Educação Inclusiva em Rede Nacional – Profei/Unifesp. É pesquisador na área de Educação Especial e Inclusiva, Formação de Professores e Educação Bilíngue para Surdos e Libras. Tem doutorado em Ciências, na área de Educação e Saúde na Unifesp e é membro da International Collaboratory for Leadership in Universally Designed Education (Include).

Cecilia Moura é fonoaudióloga Clínica bilíngue Libras/português. Professora titular do curso de Fonoaudiologia da Pontifícia Universidade Católica de São Paulo (PUC-SP). Ex-coordenadora e fundadora do Comitê de LS e Bilinguismo para Surdos do Departamento de Linguagem da Sociedade Brasileira de Fonoaudiologia (gestão 2019-2020 e 2020-2022). Autora do livro *O surdo – caminhos para uma nova identidade*.

Mariana Isaac Campos é coordenadora geral bilíngue na educação básica e educação superior da Diretoria de Políticas de Educação Bilíngue de Surdos (Dipebs) da Secretaria de Educação Continuada, Alfabetização de Jovens e Adultos, Diversidade e Inclusão do Ministério da Educação (Secadi-MEC). Docente do Departamento de Psicologia da Universidade Federal de São Carlos (São Carlos/SP). Doutora em Educação Especial pela Universidade Federal de São Carlos.

Nanci Araújo Bento, mulher negra, professora, feminista e antirracista. É professora adjunta do Instituto de Letras da Universidade Federal da Bahia (UFBA). Doutora em Língua e Cultura pela UFBA e mestra em Letras pela mesma universidade. Professora de Português para Surdos. Coordenadora do projeto Entre Vistas – A Navegação Híbrida Bilíngue/Bicultural/Bimodal nas Múltiplas Linguagens para o Ensino da Língua Portuguesa como Segunda Língua para Surdos e do projeto Em Pretas Mãos: A Constituição dos Sinais e o Contexto Étnico-Racial Brasileiro. Professora do Programa de Pós-Graduação em Literatura e Cultura (PPGLITCULT-UFBA).

Nubia Garcia Vianna é fonoaudióloga e doutora em Saúde Coletiva pela Universidade Estadual de Campinas (Unicamp). Atualmente é docente do Departamento de Desenvolvimento Humano e Reabilitação da Faculdade de Ciências Médicas da Universidade Estadual de Campinas (DDHR/FCM/Unicamp). Foi também consultora da Coordenação Geral de Saúde da Pessoa com Deficiência do Departamento de Ações Programáticas e Estratégicas da Secretaria de Atenção à Saúde do Ministério da Saúde, em 2015 e 2016.

Priscila Amorim Silva é fonoaudióloga pela Universidade do Sagrado Coração. Mestra em Fonoaudiologia pela Pontifícia Universidade Católica (PUC) de São Paulo. Doutora em Saúde da Criança e do Adolescente pela Universidade Estadual de Campinas (Unicamp). Especialista em Linguagem e Motricidade Orofacial pelo Conselho Federal de Fonoaudiologia (CFFa). Fonoaudióloga do Centro de Estudos e Pesquisas em Reabilitação Prof. Dr. Gabriel de Oliveira Porto (CEPRE/Unicamp). Coordenadora do Comitê de Línguas de Sinais e Bilinguismo para Surdos da Sociedade Brasileira de Fonoaudiologia – SBFa (gestão 2023/2025).

Ricardo Nakasato é mestre na área da Educação e Currículo pela Pontifícia Universidade Católica (PUC/SP). Professor de Libras e do ensino fundamental na Divisão de Educação e Reabilitação dos Distúrbios da Comunicação (Derdic/PUC-SP). Graduado em Pedagogia, com habilitação em Educação dos Deficientes da Audiocomunicação, pela PUC-SP e em Letras-Libras pela Universidade Federal de Santa Catarina (UFSC), polo Universidade de São Paulo (USP).

Ronice Müller de Quadros é professora da Universidade Federal de Santa Catarina (UFSC) e pesquisadora do CNPQ, com pesquisas relacionadas ao estudo das línguas de sinais. Doutora em Linguística pela PUCRS. Atua, principalmente, nos seguintes temas: Língua Brasileira de Sinais, aquisição da língua de sinais, bilinguismo bimodal, línguas de herança, educação de surdos e tradução e interpretação de língua de sinais. Entre suas publicações mais relevantes, consta *Educação de surdos: a aquisição da linguagem*, *Estudos linguísticos: Língua de sinais brasileira*, *Libras* e *Língua de herança*.

Sandra Patrícia de Faria-Nascimento é professora adjunta da Universidade de Brasília (UnB). Licenciada em Letras-Português, mestra e doutora em Linguística. Coordena o Laboratório de Estudo, Pesquisa e Inovação na Educação Bilíngue de Surdos e Surdocegos – LEPEBS, na UnB. Coordenou a elaboração da Proposta Curricular para o ensino de português escrito como segunda língua para estudantes surdos da educação básica e do ensino superior (2021). Pesquisa metáforas em LSB, morfossintaxe contrastiva (LSB – LP), políticas linguísticas, teorias e práticas voltados ao ensino bilíngue de surdos, com foco no ensino de PSLS, além de lexicologia/lexicografia, terminologia/terminografia com LSB.

Sandra Campos é professora adjunta da Universidade Federal de São Paulo (Unifesp). Vice-diretora Acadêmica do Campus Guarulhos – EFLCH (Gestão 2021-2025). Coordenadora do Projeto LEL – Laboratório Experimental em Libras e vice-coordenadora do Grupo de Estudos Identidade e Cultura Surdas. Graduada em Fonoaudiologia pela Pontifícia Universidade de São Paulo (PUC-SP) e doutora pela Faculdade de Educação da Universidade de São Paulo (USP).

Shirley Vilhalva, mulher indígena, surda, ativista, é pedagoga (FUCMAT, atual UCDB). Mestre em Linguística (UFSC) e doutoranda em Linguística Aplicada (Dinter Unicamp/UFMS). Pós-graduada em Docência e Tradução em Libras (Unintese). Pesquisadora de línguas de sinais emergentes e língua de sinais indígenas. Professora da Faculdade de Educação – equipe das disciplinas: Estudo de Libras, Português Escrito como Segunda Língua para Estudante Surdo e Surdocego da Universidade Federal de Mato Grosso do Sul (UFMS).